失敗する前に知りたい、

婚活1年目の教科書

恋愛コンシェルジュ
瀬川隆徳
TAKANORI SEGAWA

CROSSMEDIA PUBLISHING

はじめに

これから婚活をはじめるあなたに知ってほしいこと

この本を手にとってくださり、ありがとうございます。
今、このようなことで悩んでいませんか。

- 気になる人が、自分に興味を示してくれない
- LINEを送っても、既読スルーされる
- デートには誘われるけど、告白はされない
- 彼氏に尽くしているけど、冷たくされる

そのたびに「どうしてうまくいかないんだろう?」「なんでいつも失敗するんだろう?」「私は、誰とも結婚できないの?」と落ち込んでしまうかもしれません。

しかし、恋愛に失敗はありません。うまくいかなかった恋も、恋にならなかった恋も、必ずあなたの人生の糧になっていると思います。ただ、成就しなかったのは恋愛のノウハウを知らなかっただけです。

恋愛がうまくいかない女性は、頭の中が「感情」に支配されてしまいがちです。たとえば、好きな人からＬＩＮＥの返信が全くないとき、「もう、どうしたらいいの！」と苛立って大量のＬＩＮＥを一方的に送ってしまうことがあります。これでは、ＬＩＮＥを送られた男性の気持ちは離れてしまいます。

恋愛では感情の赴くままに動く女性でも、仕事では冷静に物事に対応できたりしますよね。それは、「うまくいかないときは、このような対応をしましょう」という仕事を成功させるためのノウハウを知っているからです。そのおかげで冷静に行動でき、仕事を順調に進められるのです。

恋愛も同じです。仕事と同じように「成功するためのルール」を学び、実践していくと結果は大きく変わります。

僕はこれまでにのべ1万2千人の相談に乗りながら、恋愛・婚活を成功に導くためのハウツーを習得してきました。20歳からはじめたホストの世界では、お客様に送った恋愛相談のアドバイスが的確だったことから、ありがたいことに大勢のお客様からご指名をいただき、「指名本数日本一」の記録を樹立。そして現在は「恋愛コンシェルジュ」「日本婚活協会理事長」として、恋愛・婚活に特化した講演会やセミナーなどで、悩む女性たちにアドバイスを送っています。

その中で、恋愛の悩みは「男性脳」と「女性脳」の違いを知り、男性脳に合わせることで解決できると気付いたのです。それを本書では「失敗する前に知っておきたい婚活のノウハウ」という形にまとめてお伝えします。最初は「自分ばかり男性に合わせるのが、ちょっとつらい」と思うかもしれませんが、安心してください。

男性はあなたの頑張りに必ず応えてくれます。もともと、男性は女性に喜んでほしいと思っています。そして好きになるほど、尽くしたい気持ちが高まるのです。「好意の返報性」という、人から好意を受け取ると自分も同じように好意を返したくなることが知られています。

また男性心理を理解すれば、あなたを喜ばせようと頑張っているところに今まで以上に気付くようになります。そこに感謝を伝えることで、もっと頑張ってくれるという良いスパイラルが生まれるのです。

このように女性から合わせることで、お互いを思いやる幸せなカップル、夫婦が誕生したのを何度も見てきました。ぜひ、あなたにもその幸せを掴んでもらえたらと思います。

さらに、僕のアドバイスは「恋愛だけではなく、仕事や家庭の人間関係にも役立つので、人生のストレスが減った」とよく言われます。ときには、運のいいことが続いた相談者の方から「瀬川さんはパワースポットみたいな人ですね」なんて言葉をかけていただいたことも。

相談者の方の人生が好転して、恋愛などの悩みが解決されるたびに、僕はうれしくなります。

第1〜2章では一生愛されるようになるルール、男女の心理の違いを伝え、第3章以降では出会いから結婚に至るまで、ステージごとのノウハウを詳細に書いていきます。素直に実践することで、好きな人から予想外の反応をされても「男性心理に基づいた行動」を冷静に取れるようになるでしょう。僕のアドバイスが、幸せな未来を掴む手助けとなればうれしいです。

二〇二〇年九月

瀬川隆徳

第2章

男性と女性がすれ違う、9つのポイント

第3章

2人の運命を決める、初回デート

第4章 必ず「付き合ってください」を引き出す方法

第5章

付き合ってから、結婚への本当の道がはじまる

巻末特典

悩める乙女のためのLINE相談室

第1章

男性の気持ちを理解し、一生愛されるようになる7つのルール

ルール
1
人は、自分と同じ人を探している

一生愛される恋愛・結婚をしたいのであれば、覚えておきたい大原則があります。それは「人は自分と同じ人を探している」ということです。

はじめて出会った男性と話してみて、「この人とは考え方が違うみたい」と感じた経験はありませんか？　そのときの気持ちを思い出してみてください。「自分とは合わなそうだな……」と拒絶反応が起きたはずです。一方、「この人とは考え方が同じだな」と感じる男性と出会ったとき、「自分とは相性が良さそう」と好意を持ちませんでしたか？

このように感じるのは、人は自分と同じ人に対して「安心感」を感じるからです。人は、

そういう人を無意識で探しています。

「同じ人＝合う人」なので、話が合う、価値観が合う、気が合う、考え方が合う、波長が合うなど、いろいろなポイントで徹底的に合わせていきましょう。

そうすれば、気になる男性が「この女性は自分と似ているから安心できる」と感じて、あなたに打ち解けてくれるようになります。

特に、初対面では相手を認め、褒めることを意識しましょう。

2回目以降につなげていくには、男性に「この女性とは合うな」と感じて、好意を持ってもらう必要があるからです。

「初対面で同調しすぎると、男性から嘘をついていると思われそう……」と心配になる女性がいるかもしれません。そういう人でも安心してください。男性は、「そんなに褒めても何も出ないよ（笑）」と言うかもしれませんが、内心はとてもうれしいんです。

気になる男性には徹底的に合わせることで、まず心の距離を近づけていきましょう！

ルール
2
男性の心理に合わせる

人は「自分と同じ人」と仲良くなるので、相手に合わせることは大事なことですが、実はそこが意外と難しかったりします。なぜなら、そもそも男女では価値観や考え方、行動などが違うからです。

だからこそ、その違いを理解した上で、男性心理に合わせていきましょう。

男女では、具体的にどのような違いがあるのでしょうか？

そのひとつが、「感情的に行動するかどうか」です。

感情的になりやすい女性は、思ったとおりに行動したり発言したりしがちです。

一方、理性的な男性は感情に流されず、物事を冷静に判断した上で行動に移そうとします。だから、不安や怒りの感情に従って行動する女性を見ると、「どうしてそんなことをするの？」と違和感を感じ、心が離れてしまうのです。

たとえば、男性が軽いノリで「お前ほんと気が利かないよなぁ」と言ったとします。しかし、それを冗談だと捉えずに「そんなデリカシーのないこと言わないでよ！」と感情的になって怒り出してしまう女性がいます。

女性心理がわからない男性からすれば、その行動は理解できないので、「ノリの通じない女性だな……」「自分とは合わないから、一緒にいるのは苦手だな……」と思われてしまうでしょう。

そうならないようにするために、女性特有の考えで行動するのではなく、男性心理を学び合わせていくことが大切です。

ここまで読んで、「私は男性心理を理解できているから大丈夫」と思った女性がいるかもしれません。しかし、「男性は△△だ」という解釈を間違えている場合があります。

その代表例が、「男は浮気する生き物」。実は、この解釈は間違っていることが多いんです。浮気する人は男性だけでなく女性もいますし、男性でも浮気を全くしない人はたくさんいます。それだけではなく、女性がしっかり男性を惹きつけておけば「ドキドキ感」を求めてフラフラしがちな男性でも浮気しなくなるものなんです。

にもかかわらず、男性心理を正しく理解しておらず、いつも同じところで失敗を繰り返す女性は、ワンパターンな恋愛になりがちです。

そういう女性こそ、過去の経験則で「男性は◯◯だ」と言ってしまうものです。

「男は浮気する生き物」。この考えのままだと、常に出会う男性に対して本来必要のない不信感を抱いた状態でお付き合いをすることになり、これからも同じ失敗を繰り返すことになりかねません。

そうならないように、次章の「男性と女性がすれ違う、9つのポイント」も参考にしながら男性心理を正しく理解して、それに合わせて行動していきましょう。

ルール
3

好かれるために、まずはGIVE

モテる女性になりたいのであれば、こちらから先に与えることが大切です。

恋に落ちたとき、「好きな人から△△してほしい！」と自分がもらうことばかり考えていませんか？

そうではなく、「好きな人に△△してあげたい！」とGIVEすることを考えましょう！

そのひとつとしてできること。それが「好きな人を褒めて喜ばせる」ことです。

とはいえ、褒め慣れていない女性は「何を褒めればいいの？」と考えすぎて、褒めるタイミングを逃す可能性があります。

そうならないように、好きな人と会う前には、次の「男性が喜ぶ褒め言葉」をあらかじめインプットしてください。
そして、その場の状況に合わせて使い分けましょう。まずは性格を褒めるケースです。

誉め言葉、褒めるポイント 性格編

- ・優しい
- ・癒し系
- ・冷静（クール）
- ・あつい
- ・かわいい
- ・男らしい
- ・決断力がある
- ・我慢強い
- ・真面目
- ・誠実
- ・ポジティブ、前向き
- ・メリハリがある
- ・一生懸命
- ・包容力がある

たとえば、「男らしい」「我慢強い」「頑張り屋」と性格を褒めれば、社会に出て頑張っている男性は喜んでくれます。

「メリハリがある」は仕事のオンオフのモードを切り替えたときの男性に使える褒め言葉です。たとえば、休日にゆっくりしている彼氏を「今日はゆっくりしてるけど仕事になったらシャキッとするんだからメリハリがあるよね」と褒めることができますよ。

次は見た目を褒めるポイントです。

誉め言葉、褒めるポイント 見た目編

・かっこいい　・かわいい　・オシャレ
・スタイルいい　・笑顔がかわいい　・◎◎くんの笑顔好き
・目が好き　・目がかわいい　・目が吸い込まれそう
・手が綺麗
・理想の歳の取り方をしてる
・時計、靴、ジャケット、デニム、帽子、メガネがかっこいい

見た目についても、いろいろな褒め方があります。たとえば、男性の目を見ながら、「目が好き」「目がかわいい」「目が吸い込まれそう」と目を褒めましょう。また、スマホ画面を一緒に見ながら、「手が綺麗だね」と手を褒めることもできます。

最後に能力を褒めるときです。

・なんでもできる
・頭がいい
・器用
・集中力がある
・人の気持ちがわかる
・トラブルの対応がうまい
・おもしろい
・お箸の持ち方が綺麗
・声がキレイ
・仕事ができる
・頭の回転が速い
・行動力がある
・話し上手、聞き上手
・マナーを知ってる、常識がある
・人望、リーダーシップがある
・善悪の判断がしっかりできる
・文章書くのが上手

能力を褒めたいときは、「なんでもできる」「頭がいい」「おもしろい」と褒めることで、男性に喜ばれます。稼いでいない人に「お金を稼げる」と言うのはNGですが、「たくましいから、どんな状況でも稼いで生きていけそうだよね」と褒めることはOKです。

これらをインプットした上で、ふだんから褒める習慣を身に付けておけば、とっさの場面でも褒められるようになりますよ。家族や友達、同僚、タクシーの運転手など、周囲にいる人を褒め続けて、慣れておいてください。

ルール 4

関心・理解は最大のギフト

関心を持ちながら男性の話をたくさん聞き、理解を示しましょう。それが男性に対する「最大のギフト」になるからです。

気になる男性から何か質問されたとき、「自分のことをわかってほしい」と自分の話ばかりしていませんか?

しかし、そうすると男性は退屈しますし、「この子は他人には興味がないのかな?」と思われてしまいます。

そもそも、誰だって「自分自身」について興味を持たれると、うれしくなるものです。

だから、1対1の場面では、目の前にいる男性に関心を持って、相手の話をたくさん聞いて喜んでもらうことが大切です。そして、男性からの質問にある程度しっかり答えたあとは、男性にたくさん話してもらえる雰囲気づくりを意識してみてください。

でも、自分からさまざまな話題を聞いていくのは難しいですよね。

はじめは、「仕事のこと」「得意なこと」「好きなこと」を質問しましょう。

特に大事なのは、仕事のことです。男性は人生の大半が仕事という人が多いですから、最初の段階で話を聞いておけば、のちのちの話題に困らなくなります。

よほど嫌がられない限りは仕事について話してもらい、「頑張っているんですね」「すごいですね」と共感したり褒めたりしましょう。

そうすれば、男性は「興味を持ってくれた」とうれしくなります。

また、男女で違う「話の展開の仕方」にも注意しましょう。

女性は話題を次々と変えながら共感を求めますが、男性は1つの話題を縦に深く掘り下げるように話すことで、「物知りなのね」と褒められることを求めるのです。

だからこそ、会話するとき、男性が話した1つのことを深堀りしてください。

たとえば、男性が「サッカーが好き」と言ったら、「いつから好きになったの？」「どのチームが好きなの？」「好きな選手は？」と深堀りしていき、その中で共感していきます。

共感できなくても、「いろいろ詳しく知っているね」と褒めることが大切です。

このようにして男性が話しやすい流れをつくり、話してもらった内容に関心を示しましょう！

ルール
5

男性は、隠れて頑張っていることを知っておく

幸せな恋愛・結婚をしたいのであれば、「男性は女性から見えないところで頑張っている」ことを理解することです。

男性は、何気ない会話の中でも頑張っています。

「目の前の女性を口説きたい」と思った男性は、女性の話にそこまで興味がなくても、頑張って質問しようとします。

このとき、曖昧に答えないようにしましょう。結果重視の男性は、中途半端な答えを言われると、結果がわからずイライラしてしまうからです。

たとえば、男性から「好きなタイプは？」と聞かれたとき、「自分でもよくわからない

んだよね」と答えれば、男性はモヤモヤして会話を楽しめなくなり、話が弾まなくなります。そうではなく、聞かれたことにはなるべく早く、はっきりと答えることが大切です。

質問に答えたあと、「たくさん話を聞いてくれるから話しやすいな」と話を聞いてくれたことを褒めるようにしましょう。**男性が「話を聞こう」と頑張ったことを褒めるのです。**

交際後も、男性は頑張っています。その頑張りのひとつが「連絡頻度」です。

ふだん連絡用ツールにしているＬＩＮＥで、頑張って彼女に「報・連・相（ほうれんそう）」をしています。

だから、「連絡をマメにしてくれてありがとう」と言える女性になりましょう。

そうすれば、男性は「わかってもらえたんだ」と自分の頑張りを褒められている気がして、うれしくなります。

女性側が知らない「男性の頑張り」はたくさんあります。それにこまめに気付いて、感謝したり褒めたりできる女性を目指してくださいね。

ルール 6
男性が結婚に至るまでの5ステップ

「結婚したい！」と思われる女性になるには、「男性が結婚に至るまでに踏む5ステップ」を理解する必要があります。それは次ページのとおりです。

これを心に留めておけば、男性目線で「どのような女性が求められているか」を判断しやすくなるでしょう。

今の自分が彼にとって、どのステップか考えながら確認してみましょう。

ステップ1

承認欲求を満たしてくれる

男性は自分と同じ人を探していて、同じ人と仲良くなります。そのため、価値観などが合う女性かどうかを判断されています。

ステップ2

楽しい、ドキドキする

一緒にいると楽しかったり、ドキドキしたりするかどうかを判断されます。ステップ1～2を満たすことで、男性は「交際をスタートさせたい」と思うのです。

ステップ3

一緒に暮らせる

一緒に生活できるかどうかを判断されます。たとえば、整理整頓や料理ができることを見られています。

ステップ4

リスペクトできる

人間性を見て、パートナーとして尊敬できるかどうかを判断されます。ステップ3〜4は、付き合ってから結婚に至るまでの査定ポイントです。

⬅

ステップ5

生涯に渡って好き

すべてのステップを満たすことができれば、生涯に渡って愛するでしょう。

ステップ1〜4をクリアできないと、結婚までたどり着けません。

たとえば、ステップ3〜4を磨いてクリアしないと、体だけの関係でキープされてしまいます。

ただし、この4つのバランスを保つことは、なかなか難しいもの。

一緒にいたらドキドキはするけど能力が足りない、または、その逆だと思われてしまう女性がいます。

恋愛感情がなくても、ステップ3〜4を満たした女性と結婚する情に厚い男性もいますが、その場合は「男性が責任を果たすだけの愛し方」になりがちです。

その結果、「夫婦間で会話がない」など、幸せとは言えない結婚生活を送ることになります。

そうならないように、すべてのステップを満たすことで、結婚後も男性に愛される女性を目指しましょう。

ルール
7

恋愛に勝つ人は、マイペース

恋愛を成就させたいのであれば、マイペースでいることを心がけましょう。

「いい感じの雰囲気だったのに、急にＬＩＮＥの返信がこなくなった」など、男性から予想外の反応をされると不安になりますよね。

その不安を打ち消そうとＬＩＮＥをたくさん送ったり、「私なんか遊び相手の一人だよね」と相手を試すような発言をしたりして、相手の気持ちを確かめようとする女性は少なくありません。

男性は気持ちを確かめられると、相手のことを「重い」と感じてしまい、少し警戒心を抱きます。

人です。

恋愛で勝つ人は「相手の顔色」を気にしすぎる人ではなく、「自分のペース」を保てる人です。

「好きな人から嫌われないように早く返信しなきゃ！」と相手の顔色をいつも伺っている女性でも、マイペースでいれば、「私と同じように、彼も自分の都合で返信しているのだろう」と相手の返信が気にならなくなってきます。

マイペースでいるためにも、まずは「恋愛において好きな人とは平等だ」という心構えでいてください。

あなたが相手の「本当の気持ち」がわからなくて不安になるのと同じように、相手もあなたに対して同じことを思っています。

ただし、女性は不安な気持ちを表に出しますが、男性はそうするのがかっこ悪い（＝負ける）と思っているのでしないだけです。

また、相手から予想外の反応が返ってきても、それは男女で脳のつくりが違うからだと理解しましょう。そうすれば、「男性だから△△をしたんだ」と冷静になれます。

さらに、「メールの返信がない（だから、私に興味がないのかな？）」と相手の行動について気になる点があれば、その都度、「最近は忙しかったの？」と丁寧に聞きながら真意を確認しましょう。

そうすれば、相手の行動をネガティブに捉えて不安がることがなくなり、マイペースを保ちやすくなるのです。

不安な気持ちを感じたら、まずはマイペースでいることを心がけましょう。

ここまでは、男心を掴み、恋愛がうまくいくためのルールを7つ紹介してきました。次章から男性心理と女性心理の違いについて詳細にお伝えしていきます。

第2章

男性と女性がすれ違う、9つのポイント

男性心理を理解すれば、うまくいく

恋愛のすれ違いを生む、男女における価値観や考え方などの違いには、「男性脳」と「女性脳」と呼ばれる「脳のつくり」が大きく影響しています。

男性から愛される恋愛をするためには、それぞれの特徴を正しく理解することがポイントです。そこで、ここから「男女の考え方や心理の違い」を9つご紹介しましょう。

好きな人から予想外の反応をされても、「男性脳だから、この反応が起きているんだ」と理解することが幸せな恋愛・婚活への第一歩です！

1 視点

プロセスが大事 × 結論が大事

WOMEN

MEN

1つ目の違いは「物事に対する視点」です。

女性は「プロセス」が大事ですが、男性は「結論」を重視しています。

女性のプロセス重視は、話し方にもよく表れているんです。

たとえば、僕は恋愛コンサルの個人面談のとき、はじめて出会った女性に「元カレとはどうして別れたんですか?」と必ず聞くようにしています。

すると、ほとんどの女性が「別れるまでの過程」を細かく話したがるので、30分間の制限時間内に「別れた理由（結論）」までたどり着けないことは珍しくありません。

女性はこのような話し方をすることで相手と共感し合い、信頼関係をつくろうとします。しかし、それを聞いている男性は、「結論を先に知りたい」と感じてしまうのです。

また、ショッピングデートのときにも、この違いは浮き彫りになります。

一緒に買い物をしているときに、彼氏がスマホでゲームばかりしていて、不機嫌になった経験はありませんか？　それは、女性が「一緒に買い物をしている」という過程を重視している一方、男性は「一緒に買い物に来ている」という結果を重視しているからです。男性は「結果を出したのだから、あとはゲームしてもいいだろう」と考えています。だから男性に悪気はなく、女性との会話を拒んでいるわけでもありません。

しかし、その男性心理を理解できない女性は、「どうして単独行動するの？」と不機嫌になってしまいます。

無駄に不機嫌にならないためにも、「結論重視」の男性心理を押さえておきましょう。

2 人間関係

平等でいたい × 勝ちたい

WOMEN　MEN

2つ目の違いは「人間関係で意識する」ことです。
女性は「平等でいたい」と考えますが、男性は「相手に勝ちたい」と考えています。
男女でこの差が生まれるのは、小さい頃から違う環境に置かれてきたからです。
ほとんどの女性は「協調性を持った人になれるように」と育てられています。
だから学校行事では、「みんなと平等に接して協力し合う」ことが求められる文化祭などを頑張るイメージです。

一方、ほとんどの男性は「勝てる人になれるように」と育てられています。だから学校行事では、「戦って勝敗を決める」運動会などを頑張るのです。

また、社会に出たあとも競争の激しい社会の中で、採用や出世レースなどで勝ち続けることが求められて、「他者に勝つこと＝自分の価値」と思うようになります。

だからこそ、女性に平等を求められると嫌がるんですよね。


この違いは恋愛のいろいろな場面で表れます。そのひとつが、連絡をくれない恋人に怒る理由です。

平等でいたい女性は「私と同じくらいの連絡がほしい」と文句を言いますが、勝ちたい男性は「僕ばかり連絡していて負けているのが悔しい」から怒っているのです。

このように怒りのポイントが違うので、恋人から「自分ばかり連絡しているじゃん！」と言われたとき、話が噛み合わなくなるのです。


また、喧嘩したときにも、この違いが出てきます。

平等でいたい女性は先に謝ることができますが、勝ちたい男性は「自分の非を認めて負けた気になる」ことが嫌なので、先に謝ることが嫌いです。

ただし、女性は謝ったあとに「私も謝ったんだから、あなたも謝ってよ」「あなたも△△を改めてよ」と平等でいることを求めがちです。

そうなると、男性が「謝ったら負け」と感じて謝れなくなり、喧嘩が長引いてしまうことがよくあります。

男性はどんなときも心の中では勝ちたいと思っています。恋愛では平等を求めるよりも、男性を優位に立たせることがポイントです。

3 人への欲求

共感してほしい

WOMEN

×

認めてほしい

MEN

3つ目の違いは「周りの人にしてほしい」ことです。

女性は周りの人から「共感してほしい」と思いますが、男性は「認めてほしい」と考えます。

この違いがよく出るのは、「恋人とのあいだで起きた」ことを周りに話すかどうかです。

たとえば、彼氏や夫と喧嘩したとき、そのことを周りに相談する女性は少なくありません。そうするのは、つらい気持ちや悩んでいる気持ちを周りに共感してほしいからです。

しかし、その行動を男性は嫌がります。

「周りから認めてほしい」男性からすれば、「喧嘩した＝この2人はうまくいっていない」と思われるとプライドが傷つくからです。

それに**男性は「面目を保つ」ことを大切にするので、自分の悪いところは信用した人以外に見せたくありません。**

「彼女に自分の愚痴や相談話をされる＝自分の悪いところが周りに知られる」ことになり、面目を保てなくなります。

だから、男性は恋人と喧嘩したときに2人のあいだだけでことを収めようとするんです。

この違いを理解していないと、男性に恥をかかせて嫌がられてしまいます。

たとえば、彼氏の友達も含めてみんなで食事しているとき、「◎◎くんは、こんな一面があるんだよ」と2人でいるときの「彼氏のちょっとダサいエピソード」を話していませんか？

周りに共感してほしくて話すのかもしれませんが、彼氏にとって「かっこ悪い」と思われるのが嫌なので、話されたくないことなんです。

「認めてほしい」と考える男性心理を理解して、2人のことは周りに言わない（言ったとしてもヒミツにしておく）ことが大切です！

4 物事への対処

マルチタスク × 1つのことに集中

4つ目の違いは「物事のこなし方」です。

「マルチタスク」が得意な女性脳は、同時に2つ以上のことを処理できますが、「シングルタスク」の男性脳は、最優先の1つのことしか処理できません。女性は、仕事と恋愛を両立しているケースが多いですが、男性は状況によって仕事と恋愛の優先順位が入れ替わります。

このような違いのある男女が長い時間を一緒に過ごすと、女性は気付かぬうちに男性を

イライラさせてしまうことがあるんです。

たとえば、おうちデートしているとき、スマホで仕事のメールを返信している彼氏に、ずっと話しかけてしまう女性がいます。

マルチタスクが得意な女性からすれば、同時に「メールの返信」と「会話」をすることは難しくありません。

しかし、1つのことしか集中できない男性は、「メールの返信」に集中しているときに話しかけられると、「仕事の邪魔をしないでほしい！」と思ってしまいます。

また、男性から「電話が苦手」と言われた経験はありませんか。それにもシングルタスクの男性脳が関係しています。

マルチタスクの女性脳は、電話しながら料理したり、テレビを観たりすることができます。

一方、シングルタスクの男性は「電話する」ことに集中すると、ほかのことができなくなるので、時間を奪われる感覚に陥るのです。

それに気付かずにしょっちゅう長電話をしようとすると、男性に「この人には自分の時間を奪われる」と嫌がられてしまいます。

ちなみに、電話が苦手な男性に連絡したいのであれば、「理由付け」をしましょう。電話の目的を伝えることで、時間を奪われる感覚はなくなるからです。

たとえば、「仕事のことで相談したいことがあって」と数分で済むような用件を準備して、そのあと雑談をするとうまくいきます。

シングルタスクの男性脳を理解すれば、知らないところで彼を苛立たせずにすむのです。

5
1日の言葉数

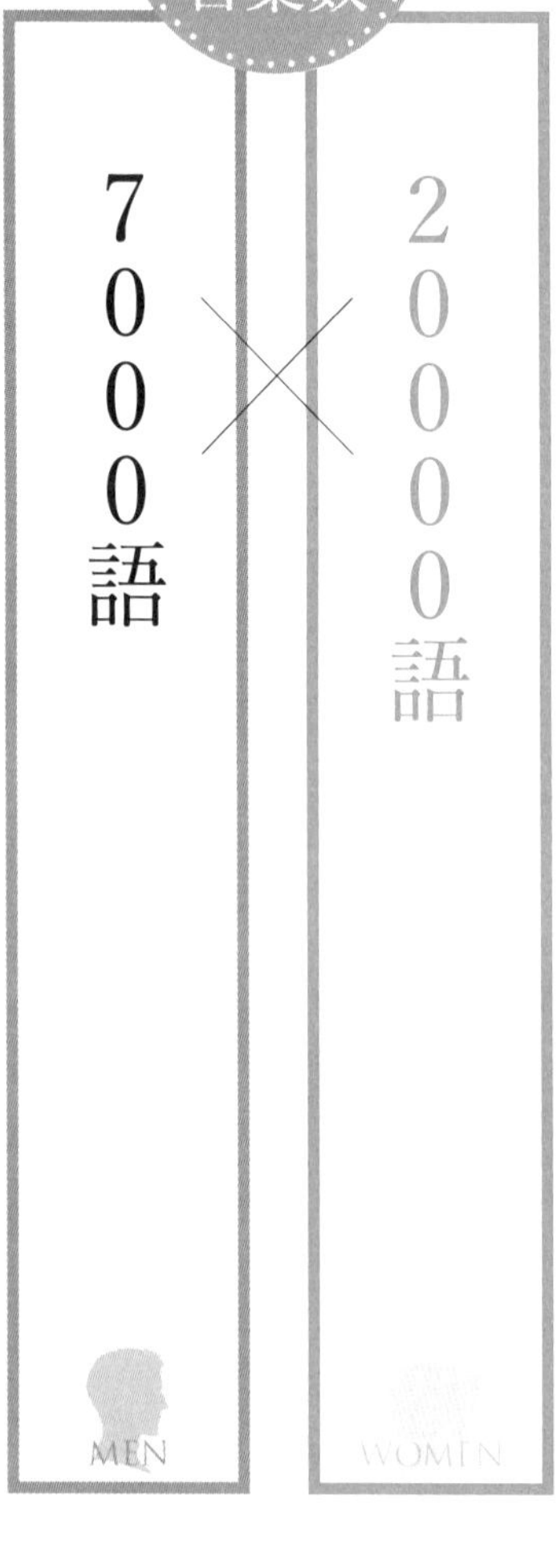

5つ目の違いは「1日に発する単語数」です。

ある大学のデータによれば、それは女性のほうが男性より3倍も多く、「女性は平均2万語、男性は平均7千語を話す」といわれています。

そうなるのは、（諸説ありますが、もっとも有力とされているのは）原始時代の役割分担の違いによって、男女では「会話についての価値観」が違うからです。

原始時代、女性には周りの人たちと協力しながら、食事の支度や家事、子育てをする役割が求められました。

周りと意思疎通や情報交換をする必要があるので、そのために1日に話す単語数が多くなった、と考えられています。

つまり、女性が会話するのは「周りとコミュニケーションするため」です。


一方、当時の男性には、家族のために狩りに出掛ける役割が求められました。

獲物を狩るためには、仲間と連携しながら瞬時に状況を判断しなければいけません。

そのとき、瞬間的に的確な指示を送れるよう、なるべく少ない単語数で話す習性が身に付いた、と考えられています。

つまり、男性が会話するのは「目的を達成するため」なのです。


この違いを理解すれば、恋愛のあらゆる場面で起こる出来事に納得できるでしょう。

たとえば、女性にたくさん話しかけてアプローチしていた男性が、付き合った途端に女性を放置することがあります(いわゆる、釣った魚に餌をやらない男性ですね)。

こうなるのは、男性が「付き合う」という目的のために話していたからです。

しかし、コミュニケーションするために会話する女性は、付き合ったあとはもっと話したくなるので、彼氏と温度差が生まれてしまいます。

この会話についての価値観の違いを理解しておけば、男性の言葉数が少ない場面でも感情的にならずにいれますよ。

6 LINE

コミュニケーションツール × 連絡用ツール

WOMEN MEN

6つ目の違いは「LINEの使い方」です。

女性はLINEを「コミュニケーションツール」として使います。

だから、「今日はこんなことがあったよ」と1日の報告をしたり、「この動画はおもしろいんだよ」と雑談を投げかけたりして、コミュニケーションを取りたがるのです。

一方、男性はLINEを「連絡用ツール」として使います。

「今度のデートはいつにする？」とＬＩＮＥを連絡手段として使おうとするので、基本的には女性のように「ＬＩＮＥでコミュニケーションしよう」とは思っていません。

ただし、「好きな女性を手に入れたい」という目的があるときは、そのための連絡手段としてＬＩＮＥを使います。

交際後にＬＩＮＥが減るのは、「その目的を達成したからＬＩＮＥをする必要はない」と考えるからです。

このような違いがあるので、男女では「連絡のマメさ」についての考え方も違います。

女性は、仕事後の空いている時間などにＬＩＮＥでたわいもない話をすることを「連絡がマメだ」と考えますよね。

ところが、男性の考える「連絡がマメ」は、そうではありません。

ＬＩＮＥは連絡用ツールなので、「おはよう」「おやすみ」「行ってきます」「ただいま」などの「報・連・相（ほうれんそう）」さえできていれば、「マメに連絡している」と考えるんです。

しかし、この男性心理を理解していない女性は、その連絡だけに満足できず、「もっと連絡してよ！」と要求して、頑張って連絡しているつもりの男性を「いや、ちゃんとしてるじゃん……」と戸惑わせます。

ＬＩＮＥは恋愛を進める上で大事なツールです。男性なりのＬＩＮＥの使い方を知っておくとうまくいきます。

7 興味・関心

人間関係大好き

×

仕組み大好き

MEN

WOMEN

7つ目の違いが「物事のどこを見ているか」です。

女性は「人間関係」や「ダイエット」など、人にまつわることに興味を持っています。

だから、女性が好きなのは「◎◎さんと△△さんは仲が良い」といった人間関係の話題です。

一方、男性が興味を持っているのは「どのような構造でこれができているか」という物事の仕組みです。

このような違いがある男女では、「仕事の愚痴」の内容が違うので注意しましょう。

たとえば、女性が仕事を辞めるのは上司や同僚との関係に原因がある場合が多いですが、男性はどちらかといえば、仕事の仕組みに興味を持つので「この仕事は自分に向いていないから辞めたい」というケースが多くなります。

人間関係への悩みはもちろん男女共通ですが、男性は仕事の内容や仕組みを優先するのです。

にもかかわらず、女性が自分の気持ちに共感してほしくて、「◎◎さんが苦手だから仕事を辞めたい」と愚痴り続ければ、男性はどう思うでしょうか？

はじめは男性も頑張って「そうだよね」と共感を示そうとしてくれますが、本心では「仕事なんだから、人間関係は割り切ればいいのに」と思っています。それが積み重なると、「この子とはちょっと合わないな」と判断されてしまうのです。

そもそも、仕事のために人間関係を我慢している男性は多いので、「僕は我慢しているのに、こんなことで愚痴るのか……」と思われてしまうでしょう。

男性に不満を話したい場合は、その前に「仕事だから頑張ろうと思うんだけど、どうしようもなくて」と前置きすることで、「前向きな愚痴」として聞いてもらえます。

また、そのように「頑張る前提で男性に頼る」ことになりますから、愚痴を延々と話すときとは印象がだいぶ変わってきます。

「物事の仕組み」に興味を持つ男性心理に合わせて、自分の気持ちをうまく伝えていきましょう。

8 モチベーション

リアルに生きる × 夢に生きたい

WOMEN

MEN

8つ目の違いは「モチベーションにしていること」です。

女性はリアリスト（現実主義者）で、現在をモチベーションにして頑張ろうとします。

一方、男性は夢を見ながら生きているところがあり、将来の楽しみや目標をモチベーションにして、今を犠牲にしながら頑張ろうとするのです。これからの目標である「出世」のために、彼女と会うのを我慢しながら仕事に追われている男性は大勢います。

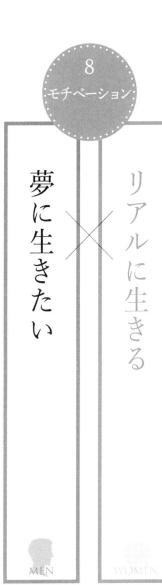

それなのに、仕事を頑張っている彼氏に対して、「出世のために頑張るのも大事だけど、私たちの今も大事なんじゃないの？」と言えば、どうなるでしょうか。

もっと会いたいという気持ちを伝えたのに、彼氏からすれば「自分の気持ちもわかってほしい」と思ってしまい、2人はさらにすれ違ってしまうのです。

また、夢を見ながら生きている男性を否定する発言にも注意してください。

たとえば、彼氏から「将来は別荘がほしいな〜」と言われたとき、「その前に、今の稼ぎでなんとかしなよ（苦笑）」と言えば、男性は「そんなこと言わなくていいじゃん」と気持ちが萎えてしまいます。

そうではなく、男性が無謀な夢を語ったとしても「◎◎くんだったら絶対にできるよ！」と応援してあげましょう。

そうすればパートナーとして選ばれる女性になれますよ。

男性と女性とでは、モチベーションにしていることが違います。この違いを理解して、すれ違いを防いでいくことです。

9 結婚

恋愛の延長 WOMEN × 恋愛とは別物 MEN

9つ目の違いは「結婚観」です。

結婚について考えるとき、女性は「好きになった人と結婚したい」という感情を大事にします。だから、結婚は恋愛の延長線上にあって、「華やかなもの」に見えるのです。

一方、男性にとって、恋愛と結婚は別物です。恋愛は「この人にドキドキするかどうか」を考え、結婚は「この人を妻にして大丈夫かどうか」を査定しています。

それは、もちろん男女ともに結婚には責任が伴いますが、特に男性は責任を感じる傾向が強いからです。

今では共働きの夫婦も増えてきましたが、いまだに多くの家庭では夫が家族を養っているケースは多いですよね。

そのイメージを持つ男性は、結婚を本格的に考えはじめたとき「妻と子供にご飯を食べさせていくには?」「持ち家を購入しないといけないのかな?」「ファミリーカーに買い替えたほうがいいのかな?」といろいろなことを想定します。そのため将来にわたり「家族の人生」を守っていくとすれば、自分が1～2億円を用意しなければいけないと考えるのです。

だからこそ、ドキドキ感を与えてくれるだけではなく、「責任を持ちたい」と思える女性でなければ結婚できません。

男性は、そのように「女性の人生に責任を持つ」ことで「女性を愛そう」としています。

「仕事が落ち着くまで結婚は待ってほしい」と言う男性はよくいますが、それは男性が「結婚＝責任」だと考えているからです。

つまり、その言葉は「家庭を築ける自信を持てるまで待ってほしい」という意味なんです。

しかし、女性は恋愛の延長線上に結婚があると考えるので、「好きなら、私と結婚してくれるよね？」と結婚を迫ってしまいがち。

それをすれば男性から、「彼女としてはいいんだけど、妻としてはちょっとな……」と思われてしまいます。

そう思われないように、男女で違う結婚観を意識しながら男性と接しましょう。

第3章

2人の運命を決める、初回デート

初回は、ゆるいデートがオススメな理由

初回デートの行き先は「ゆるめ」を意識することがポイントです。

初回デートの行き先に「テーマパーク」や「水族館」など、半日かけていくような場所を選んでいませんか？

女性はそのようなデートスポットに癒やされるかもしれませんが、「女性を喜ばせよう」とする男性は疲れてしまうんです。

また、男性はかっこつけたいので、初回デートで上がった「女性の自分に対する期待値」を2回目のデート以降で下げたくありません。

だから、初回デートで女性の喜ぶ場所を選べば、男性は2回目以降もさらに頑張ってし

まうのです。

その結果、男性は金銭面やメンタル面、体力面でどっと疲れてしまい、「この女性と付き合うのはつらそうだ」と逃げていく可能性が高まってしまいます。


そうならないように、初回デートの行き先はぜひ「ゆるめ」にしてください。

たとえば、仕事終わりに飲みに行ったりお茶をしたりすることで、2回目以降のデートで男性に「かっこつける余白」を残すことができます。


飲みに行くとしても、お店選びには注意が必要です。

女性側としては、銀座や表参道などにありそうな「おしゃれな飲食店」に行きたくなると思います。

しかし、そのようなお店に行き慣れていない男性は、緊張してふだんの力を発揮できず、うまく話せなくなることがあるんです。

そうならないように、男性がいつもよく行くお店に連れていってもらいましょう。

「いつもはどこに行くの？」と質問して、「じゃあ、そこに行ってみたい！」と言えば、男性は「自分のテリトリーに興味を示してくれた」と感じてうれしくなります。

ただし、男性のテリトリーに行くことにこだわりすぎる必要はなく、大事なのは2人で行き先を決めて、距離を縮めること。くれぐれも、男性にすべて丸投げしないようにしましょう。

ちなみに、行きたいお店を聞かれて、「どこでもいいよ」と遠慮して言うのはNG。「合わせよう」としてくれる男性の好意を突き返すことになるからです。

「イタリアンがいいな」とジャンルを広く答えた上で、「食べたいもの何かある?」とこちらからも質問して、お互いに歩み寄りながら行き先を決めてくださいね。

出会って10秒で、まず褒めよう

初回デートでは、「出会って10秒で一言褒める」ことを目標にしてください。

男性は「自分は必要な人なんだ」「自分は価値があるんだ」と自己肯定感が高まるような褒め言葉を言われると、褒めてくれた女性に好意を持ちます。

相手が自分に抱く第一印象は「出会ってから約10秒で決まる」といわれていますから、そのあいだに褒めることができれば、あなたの印象がぐっと良くなります。

出会う前に「3つくらいの褒め言葉」を用意しておき、状況に合わせて使い分けていきましょう。

では、初回デートでは何を褒めればいいのでしょうか？

まず、出会った瞬間に褒めたほうがいいのは「外見」で、特に「顔」を褒めてください。

たとえば、シンプルに「かっこいいですね」や、アプリなどで初対面のときは「写真よりかっこいいので驚きました」「優しそうな顔でよかったです」と褒めると効果大ですよ。


また、その人の持つ「センス」を褒めることも有効です。

センスは服装や小物などの「ファッション」や「デートのお店選び」などに表れます。「おしゃれなネックレスですね」「素敵な雰囲気のお店を選んでくれたんですね」などと褒めましょう。

小物を褒めるのであれば、おすすめは「時計」です。時計は値段が高いので、自分でしっかりと見極めて選んでいる男性は少なくありません。

だからこそ、「かっこいい時計ですね」と褒めれば男性に喜ばれるのです。


このようにして外見を褒めたあとは、会話しながら内面を褒めていきます。「会話に詰まったら、とにかく褒める！」を意識してください。

ちなみに、褒めるときには次のことに注意しましょう。

褒めるときのNG　ネガティブワードを使う

NG例

「◎◎くん、第一印象は怖そうだなと思ったけど、優しい人でよかった」

⬅

「怖い」「汚い」などのネガティブワードを使って、相手をわざわざ落とす必要はありません。

褒めるときのNG 断定して言い切る

NG例

男性の目を褒めて「いや、自分ではそう思わないけど」と言われたとき
「いや、絶対に素敵ですよ！」

⬅

褒めるとき、自分の意見を押し付けないようにしましょう。

テンション は、100%相手に合わせる

デート中のテンションは「相手に100%合わせる」ことを意識しましょう。

ついに今日は、何日も前から楽しみにしていた初回デートの日。

ところが、あなたのテンションは高い一方、男性は仕事の疲れでテンションが低めなようです。

そのとき、不安になって「なんだか楽しくなさそうだね」と言ったり、相手に遠慮して「無理して会わなくてもよかったのに」と言ったりしていませんか？

しかし、男性からすれば「疲れていても会う」ことが女性に対するギフトです。

それなのにネガティブ発言をされると、「疲れてても頑張って会っているのに、どうし

てネガティブになるの？」と余計に元気がなくなるのです。

そういう思いをさせないように、「自分のテンション」よりも「相手のテンション」を優先させながら話してください。

その上で、「疲れてない？　大丈夫……？」「仕事、頑張っているの？」などと肯定しつつ、仕事などの話を聞いてあげれば、男性は癒やされます。

やはり人は自分と同じ人に対して安心感を覚えるので、男性に「この子は自分に合わせようとしてくれているんだ」と伝わるような姿勢が大切です。

ただし、初回デートは特に緊張するので、テンションの調整が難しくなるかもしれません。

そこで、緊張をうまく活用して「ギャップ」を演出しましょう。

デートの最初のほうで「緊張するな」と先に伝えておいて、デート中は「緊張したけど、すぐに打ち解けられたよ。こんなのはじめて！」と言えば、男性は「それほど楽しませることができたんだ」とより達成感を感じられます。

ちなみに、緊張するからといって、「敬語」のまま話し続けないようにしてください。敬語のままだと、心の距離を感じさせるからです。

そうではなく、デート開始から30分～1時間経過したら、「おもしろいね♪」とリアクションしてみたり、「おすすめの曲はあるの?」と質問したりしながら、タメ口にどんどんスライドしていって打ち解けた雰囲気をつくります。

また、「話しやすいから、ついついタメ口になっちゃいました♪」と褒めることもできますよ。

このようにして相手のテンションに合わせつつ、心の距離感を縮めていきましょう!

男性をグラッとさせるSNO（すなお）の法則とは？

初回デートでは「SNO（すなお）の法則」を意識してください。

「SNO」とは、褒め言葉である「すごい」「なるほど」「おもしろい」の頭文字を取ったものです。

これを使えば、男性の承認欲求を満たして、気持ちを惹きつけることができます。

それぞれの褒め言葉は、どのタイミングで使うのでしょうか？

まず、「すごい」はどの話を聞いたときにも使える褒め言葉です。

たとえば、「仕事の成果」や「過去にしていたスポーツや趣味」などを教えてもらったとき、「すごいね！」と褒めれば喜ばれます。

「なるほど」は男性がアドバイスしてくれたり、うんちくを語ったりしたときに使えます。

たとえば、物事の仕組みに興味を持っている男性に「これは△△になっているんだよ」とうんちくを語ってもらったあと、「なるほど～！」と相づちを打てば、男性は「自分の説明に納得してくれた」と手応えを感じられるんです。

「おもしろい」は、男性がその場をいい雰囲気にしようと冗談を言ったり、ふざけたりしたときに使いましょう。

無理のない範囲で大きめのリアクション＋笑顔で「◎◎くんっておもしろいね！」と褒めてください。オチを付けたがる男性が「これで雰囲気が良くなったぞ」と喜んでくれます。

また、これらを言えるように「ＳＮＯを引き出す質問」も重要です。

基本的には「仕事のこと」「得意なこと」「好きなこと」を質問すれば、男性が饒舌に語り出してくれるので、褒めやすくなります。

このとき、子供時代の話など「過去のこと」をどんどん質問してみてください。人間は自分の過去を深く知る人に安心感を覚えて、心の距離が近くなるからです。

「ＳＮＯを出すと、ぶりっ子していると思われるのでは？」と心配になるかもしれませんが、そこはご安心ください。

ＳＮＯを出された男性はうれしくなって、「この子はかわいいな」と思ってくれます。それに１対１のデートですから、周りの目を気にする必要はありません。

あからさまな演技にならない程度に、恥ずかしがらずにＳＮＯを出してください。

アドバイスは、男性からの好意の証

「すごい」「なるほど」「おもしろい」のSNOを出していくと、男性からアドバイスされるようになると思います。

たとえば、あなたの仕事の話を聞いた男性が「その仕事は△△のほうがうまくいくと思うな」と自発的にアドバイスしてくるときがあるのです。

または、自分の趣味の話をはじめた男性が「◎◎ちゃんにもおすすめだよ！」「ここに行ったほうがいいよ」と意見を押し付けてくることもあります。

そのようにアドバイスしたがるのは、男性の気持ちがあなたに向いている証拠です！

なぜ、男性はそうなるのでしょうか？

そもそも、ほとんどの男性は「自分の話なんかしてもな」と考えています。

たとえば、サッカーが好きな男性でも、「サッカーの話なんてどうせ女性は興味がないはずだ」と考えて、サッカーの話は極力しないように心がけているものです。

ところが、ある女性がサッカーの話を熱心に聞いてくれて、「なるほどね！」「そうなんだ。すごいね！」「おもしろいな♪」とSNOを使いながら褒めたとしましょう。

すると、男性の中で「この女性には話をしてもいいんだ」と心のドアが開き、なんでも気にせず話せるようになるんです。

この状態は2人の心の距離が相当近くなっている状態で、男性の気持ちがあなたに向いているときです。そうなった男性は「この女性のために」と思って、いろいろなアドバイスをしてくれるようになります。

男性が積極的にアドバイスをしてくれるようになったら、「SNOの効果で、自分に好意を持ってくれているんだ」と思ってください。

「でも」「だって」「どうせ」は言わない

あなたに好意を持ちはじめた男性からアドバイスされたとき、注意したいことがあります。

それは、「でも」「だって」「どうせ」という「ＤＤＤ」の言葉は使わないことです。

たとえば、男性から「△△をしたほうがいいよ！」と言われたとき、「でも、家が遠いし」「だって、今はお金がないし」「どうせ、私にはできないし」と言う女性がいます。

しかし、それは男性がせっかく向けてくれた好意を拒否することになるのです。

そうではなく、「そうだよね！」「いいね♪」と肯定の言葉で返しましょう。

とはいえ、「アドバイスされたことは実際にできそうにないし、嘘をつきたくない」と考えて、「でも……」と言いたくなるかもしれません。

しかし、会話の中で男性に見られているのは「実際にチャレンジするか」よりも「チャレンジしようとするかどうか」なんです！

そもそもアドバイスした瞬間、相手は「実際にチャレンジしたかどうか」は確認できません。そのチャレンジは、あとですることだからです。

だからこそ、「チャレンジするかどうか」は後回しにして、会話中は「2人の空気感を壊さない」ことを大事にしましょう。

そのためにも、「わかりました！　今度やってみます」「いいですね。自分でも調べてみますね」とチャレンジする姿勢を見せてください。

そう言われた男性は「素直な人だな」と感じて、あなたに好感を持ちます。

そう答えたはいいものの、アドバイスをまだ実践できていない、または失敗してしまったとします。

そのとき、男性に「アドバイスしたことはどうなった？」と確認されたら、なんと答えればいいのでしょうか？

「したいと思っていたんですけど、なかなか時間がなくて」「してみたけど失敗しちゃいました」と正直に言ったとしても、はじめにチャレンジする姿勢を見せているので、男性は悪い気がしません。今度は、うまくいかない状況に対して、アドバイスをくれるでしょう。

このように「ＤＤＤ」を言わないように心がけるだけで、２人の会話はもっと盛り上がるはずです。

否定は絶対に、絶対にしない

初回デートの会話中、男性から「◎◎くんは何を言っているんだろう?」と感じるようなことを言われても、否定しないでください。そういうときも、男性の価値観に合わせてみましょう。

たとえば、男性に過去の話を聞いたとき、自分とは違う生き方をしてきたことがわかったとします。

そのとき、「私だったら、そういう選択はしないな」と相手の過去を否定するようなことを言ってしまう女性がいます。

しかし、それを言われた男性は、自分自身を否定されているような気持ちになってしまいますので、否定することは絶対にNGなんです。

今は、マッチングアプリで出会うケースも増えていますよね。

マッチングした男性とはじめてデートしてみて、話している内容がアプリのプロフィールと違うことがわかりました。

そのとき、「この男性は信用できない」と感じて対応が雑になる女性がいます。

しかし、そうするのではなく、「次に会う男性と会話するための訓練」と気持ちを切り替えて、目の前の男性をどんどん肯定してみましょう。

そうすれば、「肯定することで、たしかに男性から好かれるんだな」と手応えを得られると思います。

その男性に好かれたとしても、進展させたいかどうかはあとから決めればいいだけです。

このようにして訓練を繰り返していけば、「男性を否定しない会話」が自然とできるようになりますよ。

相手の背景と感情を読もう

会話するとき、男性の「背景」と「感情」を読みながら話すことが大切です。

たとえば初回デートは、男性が選んでくれたお店で食事することになったとします。

しかし、食事をしていると、相手が「このお店、ちょっとうるさいよね」「注文したものがなかなかこないね」と愚痴を言いはじめたとき、どう返せばいいのか迷いますよね。

そのときに思い出してほしいのが、相手の背景と感情を読むことです。

とはいえ、それはどうすればいいのでしょうか？

まずは、男性側の背景を考えていきます。すると、「デートを成功させたくて、女性の好きそうな雰囲気のいいお店を選んだ」「お店を選んだのは自分の責任だ」「実際は想像した雰囲気とは違うお店だった」という背景が見えてきます。

次に考えるべきは、その状況に陥った男性の感情です。「自分の選んだお店がうるさくて女性に申し訳ない」「この子に嫌な思いをさせていないだろうか？」と考えているはずです。

このように相手の背景と感情を読んだ上で、男性の発言の意味を考えます。

「このお店、ちょっとうるさいよね」という発言は、お店を攻撃しているのではなく、「ごめんね、嫌な思いをしていない？」と女性の気持ちを確認したくて言っているのだと想像できるでしょう。

だから、「気を遣ってくれてありがとう」「私は全然気にならないよ」「今日は確かにうるさいかもしれないけど、この雰囲気は好きだよ」とフォローの言葉を返すことが正解なんです。

そうすれば気を遣える女性であることが伝わりますし、男性は不安な感情がおさまって安心できますよね。

最初は難しいかもしれませんが、相手の背景と感情を読みながら話すことは、練習していけば自然とできるようになります。

日頃の何気ない会話の中でも、相手の言った言葉どおりに受け取るのではなく、「この人はどうしてこんなことを言ったんだろう?」と言葉の裏に隠された意図を考えるようにしましょう。

そして、読み取った相手の背景と感情から「この人はこう言ってほしいんだろう」と予想した言葉を返して、反応を見ることを繰り返します。

そうすれば、「男性のほしい言葉」を自然とかけられる女性になるでしょう。

初回のデートがヒアリングの最大のチャンス

お互いにまだ感情が入っていない初回デートは、男性に気になるアレコレを質問できるベストなタイミングです。そこで、相手の「地雷（そのことに触れれば怒らせること）」を知るための質問をしてみましょう。たとえば、「どこからが浮気だと思う？」と浮気の境界線や、「どうして別れたの？」と元カノと別れた原因を質問することができます。

特に、浮気の境界線についてはヒアリングしておいたほうがいいでしょう。

あなたが仮に「手をつないだら浮気だ」と思っていたとしても、意中の男性は「異性と2人きりで会うことが浮気だ」と考えていることがあります。

それに気付かないまま「元カレと付き合っているとき、仲のいい男友達とよく飲みに行く」と話せば、「この子は浮気するかも」と思われてしまうのです。

好きな人の中で、あなたのイメージを壊さないためにもヒアリングは重要です。

また、「相手の結婚観」について、さりげなくヒアリングするチャンスです。

たとえば、元カノの話を聞いているとき、「その人とは結婚を考えていたの？」と深堀りすることで、「彼には結婚を考えた人がいた・いない」というデータを得ることができるからです。

ただし、それだけで相手に「結婚願望があるかどうか」を知ることは難しいでしょう。

男性にとって恋愛と結婚は別物で、付き合う女性次第で結婚したくなるかどうか決まるからです。

ほかにも「地方の実家に帰る予定はあるの？」「家を継ぐ予定はあるの？」など、結婚のために確認したいことをヒアリングしてもＯＫです。ただし、その返事を聞いたあとに否定したり、自分の意見を言ったりしないように注意してください。

あえての「初回デート」で質問するのには理由があります。男性にとって過去の恋愛の話は、親しくなりすぎていないときのほうが話しやすいからです。

女性は親しくなるほど「過去の恋愛の話」をしたくなりますが、男性はそうではありません。

過去の恋愛を知られることに「気まずさ」や「照れ」がありますし、「ヤキモチを焼かせるのではないか」「嫌な気持ちにさせるのではないか」と不安や気遣いも生まれます。

だから、お互いにまだ感情が入っていない初回デートで聞くことがおすすめです。

とはいえ、自分から切り出すのは勇気がいる話題かもしれませんね。

そこで「褒め発信」によって質問してみましょう。

たとえば、「すごく話しやすいのに、本当に彼女いないんですか?」「少ししか一緒にいないけど落ち着きます。本当にモテないんですか?」「こんなに素敵な人なのに、どうして前の彼女と別れたんですか?」と褒めながら切り出していくのです。

そのあと、次のように褒めながら、知りたいことを深堀りしてください。

男性「今は彼女いないんだよね」

あなた「どれくらい彼女いないいんですか？」
男性「半年くらいかな」
あなた「もったいない、すぐできそうなのに！　どうして別れちゃったんですか？」

このように会話を「褒めのオブラート」に包みながら深堀りしていけば、男性はどんどん話してくれます。

ただし、男性は恋愛について深くは語りたがりません。
あなたの質問に対して、「価値観の違いで別れたんだよね」と結論だけを短く話そうとします。別れた理由などのネガティブな話を聞いたら、「大変でしたね」「だったら仕方ないですよね」と共感するだけに留めておいてくださいね。

褒めながら男性の話したくなる雰囲気をつくりだし、相手のことをより深く知っていきましょう。

答えをはぐらかさないで、相手の内面に飛び込もう

初回デートは、男性があなたにいちばん興味を持っているときで、「付き合う」という目的を達成しようと頑張って会話してくれます。

このとき、「自分の内面をしっかりと伝える」ことを意識してください。男性の気を引くためには「情を湧かせる」必要があるからです。

しかし、どうすれば内面を伝えられるのでしょうか？　それは、男性からの質問をはぐらかさずに、しっかりと答えることです。

男性から質問されたとき、「もうちょっと仲良くなってから言いますね」と答える女性がいます。そう言うのは、女性は警戒心が強く、信用した人にだけ本心を見せるからです。

または、男性から嫌われたくなくて、本心を言えない場合もあります。

しかし、そう言われた男性は「頑張って質問したけど、答えをはぐらかされたな」と否定されているような気持ちになるんです。


そうではなく、「私に関心を持ってくれてありがとう」というスタンスで、質問されたことにはしっかりと答えましょうね。

「嫌われるのが怖いから」と会話をシャットダウンすることが、いちばん嫌われる行為です。そもそも、**会話中の男性は「会話の内容」よりも「会話しようとする態度」を見ています。**「警戒している態度」よりも「心を開いている態度」を見せることが大切です。

その上で、不幸な身の上話などのネガティブな発言をしても、よほどひどいことを言わない限りは、「この女性を守ってあげたいな」という心理が働きます。

会話中に質問されたら、「あなたに心を開いていますよ」という態度を見せていくことです。

不利な情報は、後出しジャンケンでOK

初回デートで男性からの質問に答える際、注意したいのは「婚活する上で不利な情報」について聞かれたときです。

不利な情報とは、たとえば「学歴がない」「虚弱体質」「子供ができにくい体質」「介護を必要とする家族がいる」「兄弟が引きこもり」など、自分がコンプレックスを感じやすい部分です。

それをお互いにまだ感情が入っていない初回デートで言えば、男性はどう感じるでしょうか?

あなたをまだ受け入れていない状態なので、コンプレックスを受け止めきれなくなります。

たとえば、初回デートで「親の介護をしているから、将来は親の住んでいる場所の近くに住みたい」と言われた男性は「ちょっと重いな」と感じてしまうんです。

そうではなく、不利な情報は交際後の結婚話が出たときに話すことが大切です。

そのタイミングであれば、男性はあなたのコンプレックスの部分も含めて、まるごとあなたを受け止めようとしてくれます。また、結婚に向けて動き出した男性は、「結婚するためにはどうすればいいのか？」と考えてくれるのです。そのような男性心理があるので、伝えるタイミングに注意しましょう。

また、内容次第で言い方を変える必要もあります。

まずは、伝えたい内容が「現実問題として変えられないこと」と「気持ち次第で変えられること」のどちらであるかを判断しましょう。

前者に当てはまるのは「親の介護」などで、ありのままの現状を伝える必要があると思います。

一方、後者に当てはまるのは「子供がほしい」「共働き希望」などで、いつかは気持ちが変わる可能性があります。

だから、「子供は別にほしくない」と思っている人でも、相手に伝えるときは「今は子供がほしいと思わないけど、将来はほしくなるかもしれない」などの言い方がいいでしょう。

ただし、変えられないことでも、「価値観の違いが出やすい」ことは言う必要はありません。たとえば、「親の借金を返している」などのお金関係のことや、付き合った人数が多いこと、体だけの関係の人がいたことなどです。

情報を出すタイミングや伝え方などに注意して、男性があなたのことを受け止めやすくなるようにしましょう。

会計時には、お財布を出すフリをしよう

お会計時には、実際に払わないまでも「支払う素振りを見せる」ことが大切です。

初回デートの食事代は「男性が支払う」ことが基本ですが、それは男性の「かっこつけたい」「上に立ちたい」という願望を満たすためです。

とはいえ、「男性が支払うのは当然でしょ?」という態度を出せば失礼ですし、男性から「嫌な感じのする女性だな」と思われてしまいます。

また、「女性とご飯を食べるために支払わなければいけない」と男性が下の立場になってしまうのでNGです。

そうならないように、**男性が伝票を手に取ったら、お財布を取り出して支払う素振りを見せましょう。**

そうすることで、男性と同じラインに一度立った上で、相手を優位に立たせることができるからです。そのあと、次のようにやり取りします。

（あなたがお財布を出す）

男性「大丈夫、ここは僕が払うよ」⬇男性が優位に立つ

あなた「本当にいいんですか？」⬇必ず確認して、恐縮している気持ちを表す

男性「うん、全然大丈夫だよ」

あなた「すごい楽しませてもらったのに、食事代まで出していただいて本当にありがとうございます」⬇それだけ価値のある時間だったから、こちらも払いたくなったことが伝わり、謙虚な印象を与える

このとき、女性がずっと申し訳なさそうにしていると、男性には「かっこつけたい」「喜んでほしい」という意図があるので、手応えを感じることができません。

そうならないように、最後のお礼は満面の笑顔で喜んで、男性に思いきりかっこつけさせましょう。

また、女性がお手洗いに立ったあいだに、支払いを済ませてくれるスマートな男性がいますよね。そのときにも男性はかっこつけているので、「かっこいい」と大げさなくらいリアクションして男性に喜んでもらうことです。

リアクション上手な女性になることで、男性も気持ちよく支払えるのです。

たとえ割り勘の場合でも、がっかりせずにお店選びに感謝したり楽しかったことを伝えましょう。

ただ男性が割り勘をするときは、金銭感覚がシビアか、単純にケチなのか、もしくは食事が楽しくなかったという理由が多いです。なので、彼の動向を見てどの理由かを判断しましょう。

自分の敷居は「いけそうだ」くらいがちょうどいい

初回デートでは、男性に「この子とは付き合えそうだ」と期待させる態度を取ることが大切です。

男性の話を「ふーん」「そうなんだ〜」と興味なさそうに聞いていませんか?

しかし、そうされた男性は「口説こう」と会話したり連絡したりする、やる気をなくしてしまいます。

そもそも、男性は負けたくありません。「付き合える＝勝てる」と考えたとき、「付き合えなさそう（＝負けそう）」と感じる勝負はしたくないからです。

男性のやる気を出すためにも、「付き合えそう」と感じさせることが大切です。

たとえば、78ページの「SNO」を使って男性の話を聞いたり、笑顔で目を見て話したり、「楽しい時間を過ごせたので会えてよかったです♪」と感想を伝えたりします。

また、デート中に「楽しかったし、時間が大丈夫だったら、もうちょっと一緒にいたいな」「明日遅いから遅くまで飲めるよ」と言うこともできます。

このようにして「あなたに関心がある」とあからさまに示すことで、男性は「付き合えそうだ」と感じて、やる気を出せるのです。


ただし、女性が前のめりすぎると、男性は引いてしまいます。「ちょうどいい前のめり」とは、どのような状態なのでしょうか？

そのひとつが「お泊りできそうなのにガードが固い」ことです。

たとえば、初回デートの一次会が22時くらいに終わったとき、いい雰囲気を壊さないために、二次会に誘われたら行ったほうがいいと思います。しかし、終電は逃さずに一人で帰りましょう。

終電を逃して「泊まろうよ」と誘われても、うまく断ることです。

そのとき、「ちょっとごめんなさい」と理由もなく断われば、男性が「付き合えなさそう」と思ってしまいます。

そうではなく、「もうちょっと一緒にいたいけど、まだ会ったばっかりだから軽いと思われたくないし」「付き合っている人としかお泊りしないと決めているから」とフォローの一言を付けて断ることです。そうすれば男性はやる気を持続できます。

男性に「やる気を出せば付き合えそうだ」と思われる、ちょうどいい前のめりを意識しながら行動してくださいね。

結婚願望を出しすぎると、男性は引いていく

初回デートでは、結婚願望を出しすぎないように要注意！

早い段階で、男性に「結婚願望はありますか？」「将来は子供がほしいですか？」と質問する女性がいます。

そう質問するのは、何度もデートして結局男性に結婚願望がないとわかったとき、「それまでの時間が無駄になる」と考えているからです。つまり、自分本位な質問なのです。

しかし、そう質問された男性は「この子は誰でもいいから結婚したいのかな？」「だったら、ほかの男性でもいいじゃん」と感じて寂しい気持ちになってしまいます。

また、「この子は自分のことしか考えていないんだろうな」「思いやりがなさそうだ」と

も感じて、「こういう人と、結婚はできない」と気持ちが引いてしまうのです。

前述の例でいうと、男性にとって「結婚＝責任」です。そもそも出会ったばかりなのに「この女性の人生に責任を持とう」とは滅多に思いません。


言葉で確認するのではなく、男性に「結婚したいと思わせるコミュニケーション」を取りましょう。


結婚に焦っている人は「結婚したら……」という話をしたくなると思いますが、結婚するかどうかは交際中にお互いが見定めながら決めることです。

だから、「彼女とはどういうことをしたい？」と交際後の話題に変えてください。

また、男性から「結婚願望はあるの？」と聞かれたときは「結婚したいと思える人がいれば結婚したいですね」くらいの温度感で答えることがベストです。

結婚願望のある男性も、誰でもいいから結婚したいわけではなく「自分に対して結婚願望があるかどうかは別」という認識は持っておきましょうね。

「もういいや」と思っても、もう1回会ってみよう

初回デートをしてみて「好きかどうかわからない」と感じた男性から、2回目のデートに誘われたあなた。

そのとき、誘いに乗るかどうか迷いますよね。

しかし、デート後もやり取りがしっかり続いていて、よほど会うのが嫌でなければ、もう一度会ってみましょう。印象が大きく変わる可能性があるからです。

初回の印象があまり良くなかったのは、男性が緊張していて、うまく話せなかっただけかもしれません。

または、自分に対して前のめりになりすぎている男性のことを、あなたが調子に乗ってジャッジしている可能性もあります。そうなると、「誠実で優しい」など相手の本質的な部分を見れなくなってしまうのです。

そもそも初回デートでは、ほとんどの男性が猫を被っています。だから、男性の「本当の姿」をまだ見ることはできません。

男性の仮面が外れるのは3回目以降のデートのときか、もしくはあなたに夢中になったときです。

だから、相手の内面をより深くまで知るためにも、まずはもう一度会ってみましょう！

2回目のデートでじっくり話してみたら、「1回目の印象とは違って、すごく素敵な人だった」と気付けることもありますよ。

そうはならず、2回目のデートでも「やっぱり好きになれない」と思ったら、本当に無理なのだと思います。

ちなみに、初回デートをした男性が「この女性と次のデートはない」と思うことは、よほどのことがない限りはありません。そう思うのは、デートがよっぽど楽しくなかったときです。「楽しくない＝この女性とは合わない」となると、男性は手応えを得られません。そうなると男性は「付き合えなさそうだ」と感じて、やる気を失うのです。

男性の本質を見極めるためにも、初回デートでは楽しい雰囲気をつくって、2回目のデートにつなげてください。

第4章

必ず「付き合ってください」を引き出す方法

何回デートしても使える、褒めワード

2回目以降のデートでも「男性を褒め続ける」ことを意識しましょう。

褒め続けていると、褒めるポイントを出し尽くしてしまったり、褒められることに慣れた相手のリアクションが薄くなったりします。

そうなると、最初は頑張っていた女性でも、デートを重ねるにつれて、褒めることを忘れてしまいがちです。

しかし、男性は「付き合えそうだ」という手応えがないと、やる気を出せません。男性にとって、女性に褒められることは最大の手応えです。だからこそ、2回目以降のデートでも褒め続けましょう。

また、はじめはお互いに知らないことが多いので話題が豊富だと思いますが、1回目、2回目とデートを重ねていくと、雑談の割合が増えていきます。

しかし、男性は「無駄だな」と感じる雑談をあまり好みません。

雑談を雑談のままで終わらせると、男性のテンションが下がっていき、会話が盛り上がらなくなってしまいます。

そこで使えるのが、やはり褒めることです。雑談の中で「褒めポイント」を探して褒めていけば、男性はうれしくなってテンションが上がり、会話がマンネリ化しません。

とはいえ、褒めることをついつい忘れてしまう人は、どうすればいいのでしょうか？

褒め続けられるようになる、とっておきのヒントをお伝えしたいと思います。

それは、常に「相手のいいところ」を見つけようとすることです。褒めることは「自分自身のストレス」を減らすことにも繋がります。

それを実感しているのが僕自身です。完璧主義の僕は、以前までストレスを感じやすく、胃腸炎にもよくなっていました。

それを変えたくて思いついたのが、ストレスの原因となる「外部からの刺激」への見方を変えることだったのです。

以前の僕は、相手の悪いところを見るたびにストレスを感じていましたが、その見方を変えて「相手のいいところ」を自分から褒めることを心がけた結果、相手も自分も心地良くなることを体感しました。これなら、自分自身も快適になるので、褒めることを忘れづらくなります。

このヒントを参考に、２回目以降のデートでも褒めることを忘れず、男性のやる気を持続させてください。

付き合うまでは、相手のタイミングに合わせてみよう

ＬＩＮＥを送るタイミングは、付き合うまで「相手に合わせる」ことです。

好きな人に大量のＬＩＮＥを送り続ける女性がいます。

しかし、そのような一方通行のＬＩＮＥを受け取った男性は、「相手の状況を考えない女性なのかな？」と嫌悪感を抱いて、「この女性とは合わない」と判断してしまいます。

そう思われないように、相手のタイミングに合わせて送りましょう。

このとき、何を意識すればいいのでしょうか？

まずは「連絡は毎日する」「毎日5回以上はラリーする」など、「～すべきだ」と決めて

送らないようにすることです。

お互いの状況は、その日の心境や疲れ、忙しさなどで日々変化します。今日、相手は仕事が忙しくて、LINEする暇がないかもしれません。

にもかかわらず、「5回以上ラリーする」と決めてLINEを送れば、相手の状況を考えていない「自分軸」の行動になります。

そうではなく、相手の状況を考えた「相手軸」の行動をするために、LINEはできるときにしましょう。

相手からLINEがたくさん来たら「今日はLINEできる日なんだ」と考えて、返事がこなければ「今日は忙しいんだろうな」と想像するのです。

また、「相手の返信できる時間帯」を把握しましょう。

どの時間帯がヒットするのかを探るために、「朝」「昼休み」「仕事終わりから夜中」と働いている時間以外のタイミングで、何回か送ってみましょう。

もしくは、LINEを交換したときに「どの時間帯がいちばんLINEしやすいの？」とストレートに聞くのも手です。

ちなみに、この段階で「わざと返信を遅らせる」ことは、間違った駆け引きになるので要注意です。

それをすればコミュニケーションが取りづらくなって、男性に引かれます。

たとえば、「今日は何を食べたの？」「ハンバーグだよ」というラリーに1時間もかける価値はありませんよね？

男性に「この子はタイミングが合う」と思われるように、目の前で雑談するようなテンポで、なるべくマメに返すことです。この段階では、男性に「自分とは合うな」と思われる女性を目指しましょう。

脈アリかナシかを判断する、LINEの意外な数字

好きな人と連絡を取り合える関係になったとき、「脈アリかどうか」は気になるもの。それを知りたいときに使えるのが、「1日に相手からくるLINEの回数」です。

好きな人から、1日に何回のLINEがきていますか？

1日に1通しかこなければ、残念ながら「脈ナシ」の可能性が高いでしょう。そのときのLINEの内容は、「おはよう。今から仕事」など「その日にあった男性側の報告」になると思います。それは、「女性側がその日にあったこと」や「やり取りしている内容」に関心がないからです。

一方、**「おはよう」「ただいま」「おやすみ」などと1日に3通のLINEがくれば、それはもう脈アリです！**

「回数」だけではなく「中身の質」も大切です。関心があるときは、「ただいま。今日の会議ではうまく発表できた？」と女性側がその日にあったことなどを聞いてくれます。

このようなLINEがくるとき、男性はあなたに対して気持ちが確実に向いています。

ただし、男性の「気持ちが向いている＝好き」ではなく、あくまでも「脈アリ」です。

ほかにも、女性に気持ちが向いていても、用事があるときだけLINEを送る男性がいることも覚えておきましょう。

次に会う約束ができている場合、その男性には「デートに誘う」というLINEを送る目的がないからです。だから、LINEの回数にこだわるあまり、「私には気がなくなったのかな」「私とはコミュニケーションしたくないんだな」と考えて落ち込む必要はありません。そもそも、付き合う前の段階なので、「会ったときにどう思われるか？」のほうが大事です。

LINEの回数や中身の質などを確認して、脈アリかどうかを判断してくださいね。

急に返事がこなくなっても、慌てない

ＬＩＮＥがいい感じで続いていたのに、それが急に途絶えると不安になりますよね。しかし、そこで慌てないようにしましょう。

男性からＬＩＮＥの返信がこないとき、「忘れられた」と傷つく女性は少なくありません。しかし、シングルタスクの男性脳は、優先順位の高い１つのことしか集中できないので、ほかのことに集中していると「ＬＩＮＥの返信」を忘れてしまうのです。

また、ほかの理由で返信できないときもあります。

その１つが、やり取りしている話題自体に興味がないことです。

たとえば、「手作り料理の写真」を送っていませんか？　その話題に興味を持てない男性からすれば、どう答えていいのかわからず返信できないんです。

「答えにくい質問」をされたときにも、返信しづらくなります。

たとえば、女性から「美味しいご飯屋さん、どこか知らない？」とＬＩＮＥがきました。

しかし、それだと料理のジャンルや場所などの指定がなく、男性は「いい答えを返したい」と思って、いろんなごはん屋さんを調べたりするのに時間がかかります。

そのあいだにほかの用事が入れば、「あとで調べよう」と思ったまま、忘れてしまいます。

これらの理由からＬＩＮＥがこないとき、どうすればいいのでしょうか？

ＮＧなのは、返事がこない状態でメッセージやスタンプをどんどん追って送る、いわゆる「追送」です。

たとえば、待ち合わせ場所を決めたいのに返事がこないとき、「忙しいの？」「どうして返事くれないの？」と追送する女性がいます。

しかし、それを見た男性は「忙しい時間以外は私に使ってよ！」と追い詰められているように感じて、つらくなるんです。

追送したいのであれば、せめて寝て起きるまでは時間を開けてください。

また、返信がなかった話題を引きずるのではなく、次の話題に切り替えましょうね。同じ話題を続けると男性を追い詰めますし、2〜3日以上返信がないときは男性が内容自体を忘れている可能性が高いからです。

急に返信がこなくなっても慌てるのではなく、原因を考えて対処していきましょう。

既読スルーが増えたときはどうしたら……？

これまで、好きな人と順調にＬＩＮＥでやり取りしていたあなた。しかし、ここ数日間は男性からの既読スルーが続くようになりました。

「私に興味がなくなったの？」「ほかにいい感じの女性ができたのかな？」と想像して、不安になってしまうと思います。

しかし、次のデートがすでに確定している場合は「連絡頻度が減っても仕方ない」と考えましょう。すでにお伝えしたとおり、女性に気持ちが向いていても、用事があるときだけＬＩＮＥを送る男性が多いからです。

ただ、それでもＬＩＮＥを続けたいとき、どうすればいいのでしょうか？

それは、「男性のテンションが下がるタイミング」をつくらないことです。既読スルーされる女性はＬＩＮＥで褒めることが足りなかったり、共感が足りなかったり、雑談や愚痴が多かったりします。そうすると、男性のテンションが下がるタイミングが生まれてしまうんです。

そうならないように、ＬＩＮＥで男性の仕事や好きなことなどを質問したり、しっかりと褒めたりしてください。

それができれば相手のテンションが上がって、「この子とＬＩＮＥでやり取りするのは楽しい！」と思ってもらえます。そして今度は、**男性の中に「楽しいから返信する」とＬＩＮＥをする目的が生まれる**のです。

こうなれば、男性は「付き合う」という目的を達成したあとでも、「何をしているか気になる」「やりとりが楽しいから」「コミュニケーションを取りたいから」とＬＩＮＥしてくれるようになります。

好きな人があなたとのＬＩＮＥを楽しめるように、返信する内容をよく考えましょう！

LINEで絶対にしてはいけない5つのこと

相手との距離を縮められるLINEですが、絶対にしてはいけないことがあります。

NG① 1通のLINEで「複数の話題」を出す

シングルタスクの男性脳は話題をいくつも出されたとき、「どの話題に、何を返信するか」を考えるのに時間がかかり、返信が後回しになります。複数の話題が出たときは、いちばん話したい1つの話題だけを深堀りして、話を広げてください。

NG② 長文を送る

長文は読むのが大変なので、男性は返信を後回しにします。短文にしましょう。

・話の「過程」は省略して「結論」だけを送る。男性の会話の仕方は深堀りなので、結論から会話が広がり、ラリーが続いていく。
・文脈の流れで「何について話しているか」がわかる部分は補足しない。

（例）男性から「音楽はレゲエが好きなんだ」というLINEがきた場合

✖「音楽はレゲエが好きなんだ、おしゃれだね」

⬅

○「おしゃれだね」

NG③ 質問しない

質問しなければ、話を広げるために男性が次の話題を考えなければいけません。「付き合ってもエネルギー使いそう」と思われるのでNGです。

NG④ 送信取り消し

男性に「嫌なことを書いたのかな？」と余計な気を遣わせて、ネガティブな気持ちにさせたり、「気を引こうとしているのかな？」と思わせたりします。送信取り消しをしたら、きちんと理由は伝えたほうがいいでしょう。また、送信取り消しをしないで済むようにＬＩＮＥを送る前に一度「この内容でいいのか？」と確認しましょう。

ＮＧ⑤ プロフィール情報での自己表現

ＬＩＮＥの「プロフィール画像」や「ステータスメッセージ」などを頻繁に変えて、自己表現しないようにしましょう。アピールしているはずなのに「浮き沈みが激しい人」「重い女性だ」と逆効果になるリスクがあります。

また、「タイムライン」の投稿にも要注意です。人の悪口や愚痴などの「ネガティブな投稿」や、「企業のＰＲ案件に応募したことがわかる投稿」はしないようにしてください。

また、男性はヒミツ主義なので、異性と2人きりで遊んだことは投稿しないほうがいいです。ただし、みんなで楽しく集まっている投稿はＯＫです。そこに男性が写っていれば、ヤキモチを焼かせることができます。向上心を感じさせる投稿も効果的です。

このようなポイントを意識して、男性がＬＩＮＥを気軽に送れる女性になりましょう。

こまな「ありがとう」がじわじわ効いてくる

そもそも、男女では「感謝したくなるポイント」が違います。

次のように、女性が「当たり前だ」と感じていても、男性は「頑張ったから感謝されたい」と思っていることがあるのです。男性を喜ばせたいのであれば、「男性の頑張り」に気付いて、褒める女性になりましょう。

感謝ポイント① 車を出したこと

男性は頑張って車を出していますが、それが当たり前だと思っていませんか？

女性の感謝ポイントは「車を出してもらった」ことよりも「どこかに連れていってもらった」ことのほうが高いので、車へのお礼は忘れがちです。

感謝ポイント② 仕事していること

男性は「自分は頑張って仕事をしている」という気持ちを強く持っています。だからこそ、「いつもお疲れ様」「頑張っているね」と労いの言葉をかけましょう。

感謝ポイント③ 彼女の友達と偶然会って話すこと

男性はデート中などに偶然出会った彼女の友達と、気まずい雰囲気の中で頑張って話そうとします。だから、「友達と急に会ったのに話してくれてありがとう！」と感謝を伝えてください。

感謝ポイント④ 雑談に付き合ってくれること

目的を達成するために、必要最低限の言葉で会話しようとする男性にとって、たくさん話す女性の雑談を聞くことは頑張っていることです。

だからこそ、「雑談に付き合ってくれてありがとう」とお礼を言いましょう。

また、ＬＩＮＥを連絡用ツールとして使っている男性が、コミュニケーションしようと頑張っているとしたら、「いつも疲れているのにＬＩＮＥに付き合ってくれてありがとう」と感謝の気持ちを伝えられます。

このほかにも、「電話をする」「飲食店で水を注ぐ」「レディースのお店に付き添う」なども男性が頑張っていることですから、感謝したいポイントです。

男性が何かしてくれたときは「当たり前だ」と思うのではなく、「頑張ってくれたのかもしれない」と考えるようにしてみましょう。

相手の気持ちに火をつけよう

「男性が頑張っている」ことを褒めることも大事なのですが、喜んでいる姿を見せるのも有効です。

そうすれば男性は「頑張っていることが伝わったんだ！」とさらにやりがいを感じます。

また、「喜んでくれたから、もっとやってあげよう」と気持ちにスイッチが入るんです。

たとえば、男性から「かわいいね」と褒められたとき、「誰にでもそんなこと言っているんでしょ？（笑）」と照れ隠しで言っていませんか？

そうではなく、「ありがとう、うれしいな！」と素直に感謝して喜びましょう。


また、忙しい男性が電話してくれたことに対して、何も言わない女性がいます。

しかし、そこで男性が求めているのは、「忙しいのにたくさん連絡をくれてありがとう」「マメに連絡してくれてありがとう」といった感謝の言葉です。

このように感謝したり喜んだりすると、男性は「頑張ったのは成功なんだ！」と手応えを得られます。

そもそも、男性は「女性を喜ばせよう」と頑張ることで、かっこつけようとするもの。女性が喜べば喜ぶほど、男性の「もっと喜ばせたい！」という気持ちに薪を焚べることになり、相手の気持ちに火がつくのです。

ちなみに、伝えるタイミングにもポイントがあります。

男性が褒めるなどの「一瞬の行為」で喜ばそうとしてくれるとき、そのたびに感謝を伝えたほうがいいでしょう。

一方、マメな連絡などの「継続的な行為」で喜ばそうとしてくれるとき、最後のほうで感謝を伝えるのがいいと思います。

たとえば、1日に何通も苦手なＬＩＮＥをしてくれた男性には、そのすべてに「マメに連絡してくれてありがとう」「いっぱい質問してくれてありがとう」と送るのではなく、1日の最後のほうのやり取りで感謝を送りましょう。そうすれば、感謝がくどくなりません。

このようにして、こまめに感謝を伝えたり喜んだりできるようになれば、男性から尽くされる女性になれますよ。

答えのある相談、そしてありがとう

男性との会話では「相手が答えやすくなる質問」を意識することが大切です。

たとえば、相手の近況を聞きたいとき、「最近、どう?」と抽象的な聞き方をしていませんか?

このような切り出し方をされたとき、プロセスを重視する女性は「最近はこんなことがあって……」と過程から話し出せると思います。

一方、結論を重視する男性は、「最近、どう?」と言われても結論をパッと出すことが難しく、答えづらいのです。

そこで、男性が答えやすくなるように、結論を二択から選択できるように質問してみましょう。たとえば、次のような質問です。

あなた「今度、旅行に行こうと思うんだけど、沖縄と北海道、どっちがいいと思う？（二択）」

男性「沖縄がいいと思うよ（結論）。沖縄だったら、今の時期は泳げるからさ（理由）」

また、このように男性が結論を出してくれたら、まずはお礼を伝えましょう。

男性からアドバイスされて納得できなかったり、すでに試していたりすると、「でも」「そうかな？」と否定から入る女性がいます。

しかし、ここで重要なのは、事実を伝え合う「言葉のキャッチボール」よりも、気持ちを伝え合う「気持ちのキャッチボール」です。

たとえば、男性からアドバイスされたことは、すでに実践していたとします。

その事実を言葉のキャッチボールで伝えようとすれば、「でも、それはもう試してみて、無理だったんだよね」と言いたくなるかもしれません。しかし、こう言われると男性は恥をかいてしまいます。

一方、気持ちのキャッチボールでは、男性からの「なんとかしてあげたい」という気持ちを受け取ります。だから、「確かにそうだね。ありがとう」「参考にするね、ありがとう」と言えるのです。

こう言われた男性は、手応えを感じてうれしくなります。

男女で違う会話の仕方に注意しながら質問して、感謝も忘れないようにしましょうね。

アドバイスへのフィードバックも忘れずに

男性からアドバイスされたら、そのフィードバックも忘れないようにしてください。

心の距離が近づくので、好きな人に相談はたくさんしたほうがいいと思います。

ただし、人間関係についての相談はおすすめしません。「ネガティブな子なのかな」と思われて、恋愛対象から外れる可能性があるからです。

そうではなく、「どうすれば△△ができるようになりますか?」などのハウツー系の相談をしましょう。たとえば、彼の得意分野について「□□がよくわからないんだけど、教えてほしいな」というふうに相談できます。

また、「◎◎くんから教えてもらったとおりにしたらできたよ!」「教えてもらったお店に行ってきたよ♪」とアドバイスへのフィードバックは忘れないこと！　それもＬＩＮＥを送る、ひとつのきっかけになります。

おすすめの音楽や本などを、お互いに教え合うこともあるでしょう。

その場合、「自分はもう試したのに相手が自分のおすすめをまだ試していなかったら、早く自分のおすすめを試すようにとプレッシャーを与えることになるかもしれない」とフィードバックしていいのかどうか、悩むかもしれませんね。

でも、安心してください。それは平等主義で「私が読んだから、あなたも読んでね」という女性特有の考え方だからです。一方、男性は「勝ちたい」と思っています。

だから、女性のおすすめをまだ試していない男性でも「自分のおすすめを女性が先に試してくれた（＝勝った）」と優越感を感じることができ、嫌な気持ちにはなりません。

アドバイスへのフィードバックで、男性にさらに喜んでもらいましょう！

さりげなく好意を伝えるトーク術

男性のやる気を引き出すためには、男性が「付き合えそうだ」と感じるように、あなたから好意を伝える必要があります。しかし、「◎◎くんが好き！」とストレートに言えば、前のめりになりすぎてしまいますよね？

そこで、さりげなく好意を伝えるアプローチ方法をご紹介しましょう。それが次のように「間接的に承認する」方法です。

「◎◎くんのそういうところが好き」
「◎◎くんみたいな人が彼氏だったらいいのにな」
「◎◎くんと付き合ったら楽しそう」

「こういうことすぐにできるのって、本当にすごいと思う。そういう人って好きだな」

このように「相手そのもの」ではなく「相手の行為」を褒めることで、「もし、◎◎くんが彼氏だったら」と核心をつかずに好意を伝えることができます。

言い切らないことで、男性は「もしかして、自分のことが好きなのかな?」「彼氏候補として見てくれているのかな?」と思いはじめて、あなたのことが気になり出します。

ただし、これを言い過ぎると、男性は引いてしまうので要注意です。ひとつの会話が終わるとき、さりげなく言うようにしてください。

ちなみに、これは対面で言うだけではなく、LINEで送っても効果のある言葉です。

たとえば、相手がLINEで冗談を送ってきたら、「本当におもしろいよね(笑)。◎◎くんと付き合ったら退屈しなさそう」と送ってみましょう。

このように前のめりになりすぎない言い方で、好意をうまく伝えてくださいね。

男性は「ドキッ」としていても効いてないフリをする

男性にアプローチするとき、男性の「リアクション」と「心の中で思っている」ことは連動していない、と心得ておくことです。

意中の彼に喜んでほしくて、さりげなく好意を伝えようと頑張ったり、何度も褒めたりしているあなた。それに対する相手からのリアクションがないと、「私に興味がないのかな……」と自信を失って、彼へのアプローチをやめたくなるかもしれません。

しかし、それでもあきらめずに続けていきましょう。

リアクションがなかったり、褒め言葉を流そうとしたりする男性でも、内心はあなたの言葉に「ドキッ」としているからです。

露骨に照れる人もいますが、ほとんどの男性はかっこつけようとするので、褒められたことがうれしくても、その気持ちを表には出しません。うれしい気持ちを隠そうと「ふうん」と言って流す人もいれば、「そんなこと言っても何も出てこないよ（笑）」と冗談を言う人もいます。褒めたときに、驚いた表情をする男性もいますよね。それは、大人になって人から褒められることが少なくなり、褒められ慣れていないせいです。

女性がたくさん褒めても、男性から全く褒め返してもらえないこともあります。

それは、もともと男性は「行動」で愛情を示す生き物で、言葉で褒めることが苦手だからです。

しかし、期待どおりのリアクションをしてくれない男性でも、あなたからのアプローチを受けて、内心はうれしがっています。だから、自信を持ってアプローチを続けてください。

男性はどんな駆け引きをするか知っておこう

女性だけではなく、男性だって駆け引きをすることがあります。

たとえば、追いかけていた女性の気持ちが「自分に向いてきたな」と感じたら、「負けたくない！」という気持ちが強くなって、自分からＬＩＮＥを送らないようにしたり、既読無視をしたりする男性がいるのです。

そのような男性でも「この子は完全に脈アリだ」と感じた女性や、夢中になって追いかけるくらい好きな女性には告白します。ただし、最近はそうしない男性も多いので、仲はいいけど付き合うまでに至らない関係になってしまうケースもよく聞きます。

その男性から告白してもらいたければ、「ほかの男性の影を出す」ことが効果的ですよ。

男性の独占欲を刺激して、「告白して自分だけのものにしたい！」と思わせることができるからです。

ただし、ほかの男性の影の出し方には注意してください。

「出会いの場所に積極的に出掛けて行き、不特定多数の男性と会っている」と感じさせれば、男性から「結婚には不向きな女性だ」と思われてしまいます。そうではなく、「仕事上の付き合い」など仕方のない理由で男性と接する機会があり、その中でモテることを感じさせましょう。男性は、基本的に希少価値の高い「モテる女性」が好きなのです。

次のとおり、匂わせ方によって「男性の気になるレベル」は変わります。

気になるレベル1

「友達とご飯に行ってくるんだ」「土曜日は友達と飲み会なんだ」と誰に会うのか濁す

［男性心理］⬅ 友達って男!?　気になるけど、かっこ悪くなるから聞けない……

気になるレベル2

「飲み会に行ったら、けっこう酔っ払っちゃった」

［男性心理］⬅ 酔っ払って、ほかの男といい感じになったりしていないかな……

気になるレベル3

「ぐいぐいくる男友達がいるんだけど、どうやって断ったらいいと思う?」

［男性心理］⬅ この子は、自分だけのものじゃないんだ。早く告白しなきゃ!

曖昧な関係の男性には、このような匂わせ方をうまく使って、告白してもらえる流れをつくりましょう。

相手が思わず告ってしまう魔法の質問

いい感じの雰囲気になっているのに、好きな人がなかなか告白してくれない。
そんなときは、男性からの告白を引き出す「魔法の質問」を使いましょう！

これまでも「こんなに素敵な人なのに、どうして彼女いないの？」「◎◎くんみたいな人が彼氏だったらいいのにな」とさりげなく好意を伝えてきました。
しかし、これは相手との距離をはかるためのジャブなので、それだけでは男性が告白してくれません。

そうではなく、男性を倒す（＝告白させる）ためには、魔法の質問でストレートパンチを打つ必要があります。

魔法の質問とは「付き合いたいって言ったら、どうする?」です。

そもそも、男性は「負けたくない」という気持ちが強いので、「この子は自分に好意があるんだ」とある程度の確信を持てる状態にならないと告白しません。

魔法の質問は自分から告白せずとも、その確信を男性に持たせることができるのです。

しかし、これはどのタイミングで使えばいいのでしょうか?

次のとおり、恋人になるまでの親密度は5段階に分かれています。魔法の質問はこのレベル4以上状態で、接触回数が3回以上あるときに使いましょうね。

レベル1 出会い

出会ったばかりの状態で、お互いのことをよく知りません。

レベル 2

顔見知り

顔を合わせたりすることが多い状態です。

レベル 3

友達

共通点が多く、「この人は自分と合う」と思える状態です。

レベル 4

仲のいい友達

お互いに、ふだんは人に言えないような「自分の内面」をさらけ出している状態です。

レベル 5
恋人・親友

お互いのヒミツを話し合っていたり、スキンシップがあったりする親密な状態です。

ただし、男性から「僕が付き合いたいって言ったら、どうする?」とカウンターパンチを打たれる可能性があります。

曖昧な返事をすれば、男性は確信を持てず告白できないので、「私だったら全然ＯＫするな」と言いましょう。これを冗談っぽく言えば、失敗しても傷つきません。そうすれば、確信を得た男性が告白してくれます。

魔法の質問で、負けたくない男性に告白しやすい流れをつくってあげてください。

告白されたら、まず2週間は付き合ってみよう

魔法の質問をした結果、告白されて交際がスタートしました。しかし、すぐには本気にならず、まずは2週間付き合ってみることです。

なぜ、すぐには本気にならないほうがいいのでしょうか？

それは「付き合ったあとの姿」が、その男性の「本当の姿」だからです。

付き合うまでの男性は、「この女性を手に入れる」という目的のために頑張っています。しかし、付き合った（＝手に入れた）ことによって目的が達成されるので、頑張る必要がなくなり、本当の姿に戻るのです。

だからこそ付き合ったあとのタイミングで、「彼女を大事にできる人なのかどうか」「本気で好きでいてくれているのかどうか」を判断しましょう。

その判断ポイントは次のとおりです。

●付き合ってから毎日、最低限の連絡をしてくれるか？
●会う約束を前もって決めてくれるか？
●次のデートの予定をちゃんと立てられるか？
●付き合う前のテンションが半分以下まで下がらないか？

交際後2週間でこれらを満たせない人であれば、「大事にしてくれない人だな」と判断して、スパッと別れたほうがいいでしょう。

そうではなく「大事にしてくれる人だ」と判断できたら、そこではじめて本気になったほうがいいと思います。


また、こうして本気になるタイミングを遅らせれば、男性を頑張らせることもできるんです。

ほとんどの女性は、付き合った瞬間に「好きのスイッチ」が入って、彼氏に何度も連絡したり、たくさん会おうとしたりしますよね？

しかし、そのように前のめりになりすぎると、男性は「この女性は手に入ったぞ」と感じて、頑張ろうとする気持ちが少し冷めてしまうのです（ちなみに、ここまでの内容を素直に実践していれば、男性はこうなりづらいと思います）。

だからこそ、本気になるタイミングをズラして、「手に入っているかどうかわからない状態」をつくりだし、男性が頑張りたくなるようにしましょう。

幸せな恋愛・結婚をしたいのであれば、交際後も気を抜かずに、じっくりと相手を見極めてください。

第5章

付き合ってから、結婚への本当の道がはじまる

結婚願望を伝えるのは、告白されたときが勝負！

結婚願望のある女性にとって、目の前の男性が「結婚前提で付き合ってくれる相手かどうか？」は大事なポイントです。

しかし、どの段階で「結婚願望がある」ことを伝えればいいのか迷いますよね？

そのベストなタイミングは、告白されたときです。

すでにお伝えしたとおり、告白される前に結婚願望を出しすぎると、男性に引かれてしまいます。

だからと言って、交際後に「私との結婚、ちゃんと考えているの？」と確認すれば、男性は「結婚を急かされている」とプレッシャーを感じて、また引いてしまうのです。

そうならないように、結婚願望は告白されたときに伝えましょう。

そうすれば、あなたを追いかけている男性は、結婚願望に応えてくれます。

しかも、男性は一度言われたことは、意外としっかり覚えているものです。

交際のスタートラインで伝えておくことで、交際中に女性からわざわざ確認したり催促したりする必要がなくなるのです。


ただし、結婚願望の伝え方には要注意です。

告白されたとき、「結婚を考えて付き合ってくれないと無理だよ」と条件を付けるように言えば、男性はつらく感じます。

そうではなく、「私もすごくいいなと思うんだけど、次に付き合う人とは結婚を考えていきたいんだよね」「次に付き合う人とは、ちゃんと結婚まで考えて真剣に付き合いたいんだよね」と意思表示する言い方を心がけてください。

ちなみに、女優の菅野美穂さんも、夫で俳優の堺雅人さんに交際を申し込まれたとき、「結婚前提なら」と意思表示した上でお付き合いをはじめたそうです。

このようにして結婚願望を伝えたあと、交際中に結婚話が出ないと不安になってくるかもしれません。そのときには「早く結婚しよう」ではなく「早くプロポーズさせよう」という心待ちでいてください。

交際後でも、うまく結婚願望を伝える手があります。それはふだんから褒めたり、仕事の応援をしている上で、彼の気持ちがリラックスしているとき、

さりげなく

- 結婚は何歳までにしたいとかって男の人ってあるの？
- 結婚する前に同棲はしたい派？
- もしも私が結婚まで考えたいって言ったら重く感じる？

と聞いてみるのです。好感触であれば「一度お父さんお母さんに会ってみたいな」と話を進めましょう。

もしくは「親から会ってみたいって言われてるんだよね。嫌だったら断るけど、どうしたらいい？」と提案してみて、付き合いが発展することに前向きか聞いてみるのも有効だと思います。

また、デート中に仲のいい家族を見たとき、「私も将来ああいう家族になりたいな」と結婚願望を伝えるのもおすすめです。

結婚願望を伝えるタイミングはとても重要です。タイミングを逃さずに、自分の気持ちをしっかり伝えていきましょう。

少し冷める男、盛り上がる女

好きな人と付き合えると、うれしくてたまらなくなりますよね。

しかし、あなたのテンションは高い一方、彼氏のテンションは低くて、「どうしたんだろう」と不安を感じていませんか?

実は交際がはじまったあと、男女では「恋愛の温度感」に違いが生まれます。それを表したのが、次ページの図です。


この図のとおり、恋愛がはじまったとき、男性は恋愛の温度感を高くキープしたまま、女性を夢中になって追いかけます。

男性には「自分の子孫を残したい」という本能があるので、それをより早く達成しよう

恋愛の温度感の違い

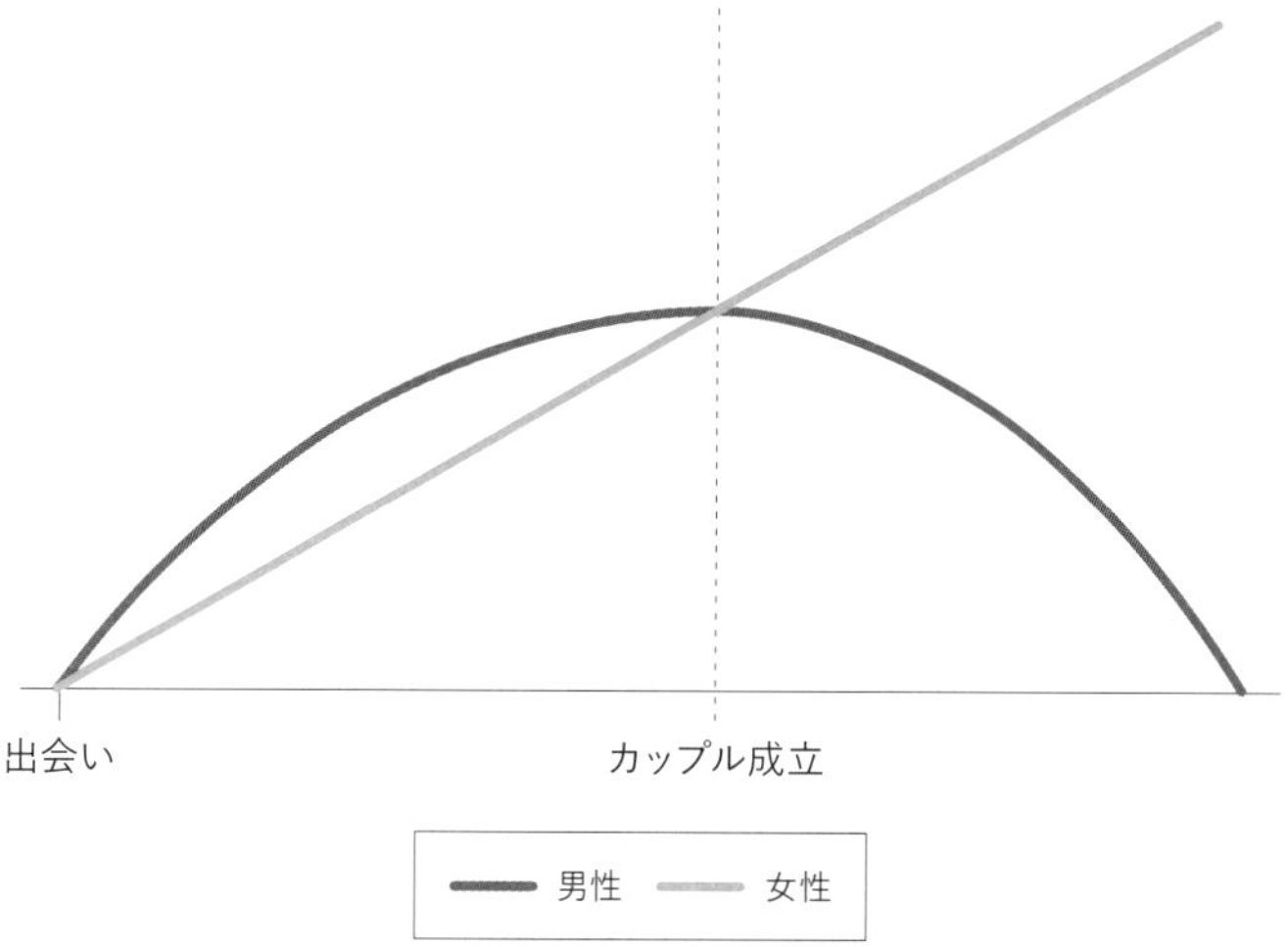

と、ピークまで一気にモチベーションを上げて行動するからでしょう。

一方、女性は恋愛の温度感が低い状態からはじまります。

これは、女性が本能的に「優秀な子供を産む」ことを求めていて、そのために「優秀な男性かどうか」を見極めようと警戒しているからなのだと思います。

しかし、男性からアプローチを受けるうちに、「この人なら自分を守ってくれそうだ」と信頼していき、温度感がどんどん上がっていくのです。

そして、告白されると、男女でそれま

での温度感が逆転します。

男性は「女性を手に入れた」ことに満足して温度感が下がりますが、女性は「男性を信頼した」ことで温度感が上がるのです。

このとき、男性はかっこつけて女性に攻める必要がなくなり、素の状態に戻ります。

一方、それまで守備に入っていた女性は「この男性なら大丈夫だ」と判断して構えを解き、今度は攻める側に回ります。

そして、たくさん連絡したり、「おしゃれなデートスポットに行きたい！」と要求したりして、どんどん気持ちを盛り上げていくんです。

しかし、そうされた男性は、素を出したくても、かっこつけないといけないのでつらくなり、「この女性とは合わない」と感じてしまいます。

そう思われないように、まずは恋愛曲線を意識しながら彼氏と接してください。

仕事が優先になっても、褒めてあげる

もし、彼氏があなたより「仕事」を優先しても褒めてあげましょう。

男性の優先順位のメインは、恋愛していないときには「仕事」ですが、恋愛がはじまって女性を追いかけはじめると「恋愛」になります。この状態は仕事に集中しづらく、男性にとってはデメリットです。ようやく交際がはじまると「付き合う」という目標を達成したことで、男性の中で恋愛の優先順位が下がり、仕事の優先順位がまた上がります。

その結果、仕事に再び集中しはじめるのです。この状態が、男性の「本来の姿」です。

しかし、女性は「頑張って口説いてきた姿＝本来の姿」だと錯覚しているので、恋愛の

テンションが下がった彼氏の姿を見て不安を感じます。

彼氏の気持ちを確かめたくなって、会うことを要求するなどの「構ってほしいオーラ」を出してしまうのです。

そうされると、男性としては「仕事の邪魔をされて、めんどくさい」と感じますし、仕事に追われていると恋愛まで気が回らないので、ますます余裕がなくなります。

そう感じさせないように、頑張って仕事している彼氏を褒めてあげることです。

何より、忙しそうにしている彼氏には、プレッシャーを与えないようにしましょう。

「私は大丈夫だから、お仕事頑張ってね♪」「頑張っている姿が好きだから応援してるよ！」と声をかけてください。

彼氏はうれしくなって、心に余裕が生まれた分だけあなたに会いたくなりますよ。

連絡が少なくなっても、「付き合ったことで安心してくれたんだ」と考えてくださいね。

それは愛？　所有欲？

交際後に彼氏のテンションが落ち着いても「感情的な行動」は取らないことです。

「付き合ったあとのほうが連絡をマメにしてもらえるはず」と考える女性は、交際がはじまって彼氏からの連絡が減ると、理想と現実のギャップに耐えられなくなります。

その気持ちを解消しようと、文章量多めのＬＩＮＥを大量に送るなどして、コミュニケーションしたがるのです。

しかし、そもそも男性にはＬＩＮＥでコミュニケーションするという感覚はなく、集中している仕事を邪魔されているような気分になります。

または、「釣った魚に餌をやらないタイプなのかな?」「本当に好かれているのかな?」と不安になり、「私のどこが好きなの?」「私のどこが良かったの?」「どうして付き合おうと思ってくれたの?」と言葉で安心したがる女性もいますよね。

しかし、言葉よりも行動で愛情を示そうとする男性は、「付き合うという行動を取っているのに、どうしてそんなことをいちいち言わせてくるの?」とイラッとしてしまうのです。

そもそも、仕事で忙しい彼氏が、どうしても連絡できないのは仕方のないことです。にもかかわらず、「毎日連絡するように」と要求して、彼氏をコントロールしようとする恋愛はよくありません。

「コントロールしたい」という気持ちは所有欲であって、愛情とはまた別物だと思います。感情的になりそうになったときには、「これは愛情じゃなくて所有欲だ」と心の中で唱えて、いったん冷静になりましょうね。

その上で、彼氏には「自立しているアピール」をしてください。

たとえば、何日間も連絡がなかった彼氏から「仕事で連絡できなくて、ごめんね」とLINEがきたら、「私も仕事を頑張っていたし、全然大丈夫だよ。気にかけてくれてありがとう」と自立していることを伝えるのです。

そうすれば、彼氏はあなたにマイナスイメージを持たず、気持ちが離れにくくなるのでまた連絡をくれるようになります。

「気持ちを離さないコミュニケーション」を心がけて、彼氏との関係性を深めていきましょう。

温度感は付き合う前と同じくらいがちょうどいい

恋愛の温度感が下がった彼氏から追いかけてもらいたいのであれば、あなたの温度感は「付き合う前と変えない」ように心がけることです。

交際がはじまると、女性は急に距離感が近くなって、ＬＩＮＥで送るメッセージの文章量やハートマークを増やしたり、休日の予定をデート最優先にしたりします。

しかし、そうすれば彼氏が「この子は完全に手に入ったぞ！」と安心して、あなたを雑に扱うようになってしまいます。

そうならないように、交際後も付き合う前と同じ温度感をキープしましょう。

そうすれば、彼氏は「付き合うという目標は達成したけど、実際は手に入っているかどうかわからない（＝勝っていない）」と感じて満足できません。「手に入った」という手応えを１００％感じるために、交際後もマメに連絡するなどして、あなたを追いかけようとするのです。

苦労して手に入れた女性は、思い入れがあるので大事にしたくなるもの。だからこそ、交際後も追いかけてもらえるように振る舞いましょうね。

ちなみに、彼氏から連絡がくるかどうかは、交際前のコミュニケーションでも決まります。男性からぐいぐい口説かれているあいだに、「話題のタネ」を植え付けておくことが大切です。たとえば、相手の悩み事や愚痴など「内面の深い部分」の話を聞いて、共感したり褒めたりします。また、「相手が興味を持つ話題」を探っておくのも手です。そうすれば共通の話題ができるので、交際後も「例の仕事はうまくいったよ」と彼氏から連絡がきます。さらに、なるべく短文でやり取りすれば、男性は「ラクにＬＩＮＥできる女性だ」と感じて連絡しやすくなるのです。

交際前後のコミュニケーションの仕方に注意して、「追いかけたくなる女性」を目指してくださいね！

ここからは、相手軸ではなく自分軸に変えていこう

交際がはじまったら「相手軸」ではなく「自分軸」に変えていき、自立している女性を目指しましょう。

付き合った瞬間に「好き」のスイッチが入って、ＬＩＮＥの返信速度や休みの日の予定など、なんでも彼氏に合わせようとする女性は大勢います。

また、「嫌われないだろうか？」「飽きられないだろうか？」と考えて行動することが多くなると思います。

しかし、そのように依存されると彼氏はつらくなりますし、芯のない女性のことは嫌いな男性が多いんです。それに「完全には手に入れていない」と感じなければ、彼女のこと

を追いかけられません。

そこで、彼氏に無理してなんでも合わせるのではなく、自分の都合も優先しながら、ときには彼氏に合わせる「自立している女性」を目指してください。たとえば、趣味を持つなどして自分一人の時間をつくり、彼氏に依存しないようにします。

自分の考えをしっかりと持っていたり、何かに頑張っていたりする女性は、彼氏が「将来のパートナー」として考えたときに信頼できるもの。また、手に入らない部分を残しておくことで、彼氏は追いかけ続けることができるのです。

しかし、この「自立」の意味を間違って理解している女性もいます。

たとえば、一週間のほとんどの時間を仕事で埋めていれば、それは「仕事に依存している状態」です。何かに依存している状態は、自立しているとは言いません。

そうではなく、結婚の軸となる「自分の生活」をしっかりと持った上で、恋愛や仕事などを頑張ることが自立です。

ちなみに、自立した女性を目指すときに大切なのは「男性の入る隙を残す」こと。

たとえば、仕事で忙しい彼氏に合わせて、自分も忙しくなるようなスケジュールを組んだことはありませんか？

しかし、そうされた彼氏は「会いたいな～」と気軽に言えなくなってしまうので、注意してください。

彼氏に「自己中な女性だな」と思われないように、自分がされて「嫌なこと」と「うれしいこと」を加味した上で自立した行動を取りましょう！

駆け引きをするなら、今

これまでは、駆け引きはＮＧでしたが、交際直後は彼氏の気持ちをより惹きつけるために「駆け引きをするタイミング」です。

交際後は付き合う前と同じ温度感をキープして、「手に入っているかどうかわからない状態」をつくることをお伝えしました。

具体的には、どうすればいいのでしょうか？

それは「不安」と「安心感」を与えて、彼氏の中に「感情の起伏の波をつくる」ことです。

まず、不安を与えるためにＬＩＮＥなどはなるべく短文にして、連絡頻度は控えめにしてください。

そうすれば彼氏は「今まで付き合った女性とはなんだか違うぞ」「付き合えたけど、これって大丈夫なのかな」と感じて、あなたのことがより気になってきます。

また、彼氏から「好き」「会いたい」と好意を感じるＬＩＮＥがきたとしても、少し遅れて返信したり、ときには既読にしてから次の日に返信したりすることです。

そうすれば、彼氏は「どうしたんだろう?」と気になって仕方なくなります。

さらに、「早く会いたいな。今度はどこに遊びに行こうか?」などとＬＩＮＥがきたら、「早く会いたい」の部分は無視して、「どこに行こうか?」に対してだけ返信するのも手です。

そうすれば、彼氏は「え、無視された?」「自分の気持ちには応えてくれないの?」とモヤモヤを感じます。

その「どうして?」と考えているあいだ、頭の中はあなたのことでいっぱいになるのです。

「どうして無視したの？」とLINEがきたとしても、返事は少し遅らせること。既読をつけた2時間後くらいに、「ごめん、ちょっと用事をこなしてた。私も楽しみだよ」と返信すれば、今度は彼氏に安心感を与えることができますよ。

一方、「どうして無視したの？」と質問されなくても、彼氏はそれを言うことが「かっこ悪い」「負けだ」と思っています。

それでもモヤモヤはしているので、会ったときには安心感を与えてくださいね。たとえば、対面で「すごく楽しい、会えてよかった！」と言えば、彼氏は「大丈夫だ」と安心できます。

このような駆け引きで「感情の起伏の波」をつくれば、彼氏の気持ちを惹きつけ続けることができるのです。

「一緒にいなくちゃ」という思い込みはNG

2人でいるときは、「彼氏とずっと一緒にいなきゃいけない」と思っていませんか？
であれば、その思い込みは外すことです。

「シェアしたい」という気持ちが強い女性は、彼氏となんでも一緒にしたがります。
たとえば、2人でいるとき、彼氏の傍を離れなかったり、ずっと話しかけていたり。
しかし、そうされた彼氏は少しつらくなって、気持ちが引いてしまいます。

彼氏がつらくなるのには理由があります。
それは、先述した「マルチタスクで物事をこなせる」「言語量が多い」など、女性のほうが男性よりもあらゆることをこなす能力が高いからです。

彼氏は「女性のこなせるレベル感」に合わせて一緒に行動するのがつらくなり、「ずっと一緒にいるのはなんだか疲れるな」と感じます。たとえば、一緒にいるとき、彼女が一日中ずっと話していたら、「しばらくは会わなくてもいいか」と思う彼氏は多いのです。

そうならないように、自分一人でできることは一人でしたり、彼氏が一人になる時間をつくったりすることが大切です。たとえば、彼氏の家にお泊りに行ったとき、四六時中2人でべったりとくっつくのではなく、彼氏が一人になれる時間をつくってあげましょう。また、旅行に行ったときにも、彼氏が2～3時間一人になれる時間をつくってあげてください。そのあいだ、あなたも一人でできることを楽しむのです。

このような気遣いができるようになれば、「一緒にいると疲れるな」と思われる彼女から卒業できますよ。

一息つかせてあげるという優しさ

2人で一緒にいるときには、彼氏が一息つけるように意識することです。

交際がはじまり、あなたの「恋愛の温度感」はどんどん上がっていきました。気持ちが盛り上がって、毎週のように丸一日〜半日かけて回るようなデートプランを彼氏に希望しています。

しかし、それは彼氏にとってつらいことかもしれません。

彼氏は「疲れているから休みたい」「家で2〜3時間まったりして少し寝たい」と思っていても、「かっこ悪い」と思われたくなかったり、「彼女に気を遣わせるのは悪いな」と考えたりして、本心を言わずに我慢しているからです。
それに気付かないままだと、結果的に「この子とは合わないな」と思われてしまいます。

そこで、**彼氏の「自然欲求」を満たしにいきましょう。**

自然欲求とは、彼氏が「自然体でいたい」「気を抜きたい」「まったりしたい」と素の自分でいようとする欲求のことです。

それを満たすには、どうすればいいのでしょうか？
まずは、「彼氏がいったん休めるようなデートプラン」を提案してください。
たとえば、「付き合う前はいろいろな場所でデートしたから、たまにはお家でまったりするのもいいよね」と気遣えば、彼氏はホッとするでしょう。
それまで半日かけてデートしていたのであれば、短い時間で食事に行ったり、どこかに泊まったりしてもいいと思います。

デート中も何かひとつの行動が終わったら、彼氏が一息つけるように気遣うことです。

たとえば、テーマパークで乗り物にひとつ乗ったら、「一服したかったら言ってね」「休憩する？」と声をかけると有効です。

また、買い物から帰宅したときや旅行先のホテルに着いたとき、彼氏が運転しているときなどはあまり話しかけずに、そっとしておきましょう。

彼氏に「かっこつけ」を求めるのは、記念日やイベントだけで十分です。ふだんのデートでは自然欲求を満たしてあげてください。

してほしいことは、アイメッセージで伝える

彼氏にしてほしいことを要求するとき、「アイメッセージ」で伝えるようにしましょう。

アイメッセージとは、「私は〜だと思う」と私（I）を主語にした言い方のことです。

たとえば、忙しい彼氏と会いたいとき、「どうして会ってくれないの？」と言っていませんか？　このような「どうしてあなたは△△してくれないの？」「あなたは△△するべき」などと相手（YOU）を主語にして要求する言い方は「ユーメッセージ」と呼ばれています。

こう言われた彼氏は「責められている」と感じて、本能的に「逃げるか、闘うか」のうち、どちらかを選択しようとするのです。そして、あなたの要求に耳を傾ける気がなくなってしまいます。

また、ユーメッセージでしたことは、女性を「喜ばせる」というよりも「満足させる」というイメージがあります。

彼氏は「これをしてくれないと私は満たされません」と言われているような気持ちになるからです。そうなると、要求されたことをしたとき、女性よりも「下の立場」になって、「負けたくない」という強い男性のプライドが傷つきます。

そうならないように、わがままは「アイメッセージ」で伝えていきましょうね。


先ほどの例でこれを使えば、「会いたいな」という言い方ができますよ。

そう言われた彼氏は、あなたの気持ちを素直に受け取って、「この子を喜ばせよう」と自発的に行動したくなります。また、要求に応じてくれた彼氏には、「うれしい！　会う時間をつくってくれてありがとう♪」と感謝したり褒めたりすることが大切です。

アイメッセージを意識して、彼氏があなたを「満たす」ためではなく、「喜ばせる」ために行動したくなるようにしましょう。

尽くしすぎるのは、逆効果？

尽くすことで愛情表現しようとする女性は「尽くしすぎ」に要注意です！

デートのたびに物を差し入れたり、料理をつくるためだけに彼氏の家に行ったりする女性は少なくありません。

しかし、そのように尽くしすぎると、彼氏から母親のように思われて、恋愛対象外になってしまいます。

独立心が強くて「自分で何かしたい」と思っている男性は、尽くされすぎると「自分の部屋に好きな物を置けない」「食べたいときに好きな物が食べられない」と自分を否定されているような気持ちになるからです。

特に注意したい「尽くしてしまいがちなポイント」は次のとおりです。

NG①　手作りお菓子の差し入れ

これに喜ぶ男性もいますが、嫌われるリスクを避けるためにはあまりしないほうがいいと思います。

NG②　料理をつくる目的で彼氏の家に行く

自立している男性に喜ばれない行動なので、おすすめしません。

そうではなく、おうちデート中に「お腹が空いたから何かつくろうか？」という流れであればOKです。

NG③　体調不良や仕事で落ち込んでいる彼氏に世話を焼く

「つらいときは放っておいてほしい」と考える男性は多いので、お見舞いや励ましに行くのではなく、そっと見守るほうがいいと思います。

また、このように女性が尽くしすぎると、彼氏の「尽くす隙」がなくなってしまいます。「勝ちたい」という気持ちが強い男性脳では、「尽くしてあげる＝彼女よりも優位に立つ」と考えるからです。なにより、尽くすことで彼女に喜んでほしいと思っています。

だからこそ、「彼氏から尽くされて喜ぶ女性」を目指したほうがいいでしょう。

ただし、尽くすことが全くダメなのではなく、大事なのはそのバランスです。

基本的には、彼氏から頼まれたことをするようにして、「彼氏が2してくれたら、1を返す」ようなイメージで尽くしましょう。

バランスのいい尽くし方で、彼氏から尽くされる女性になってください。

男性はプロポーズの前に、この結婚査定を見ている

男性は自然に結婚したいと思うのではなく、この結婚査定をクリアした女性に対して、はじめてプロポーズを意識します。彼氏が「このような女性と結婚したい」と判断するポイントがあるのです。

多くの男性は「家庭を任せられる女性」を求める傾向があります。

今では「男女平等」が当たり前になりましたが、そうは言っても「男は仕事」と考えている男性は少なくありません。だから、多くの男性は自分が仕事しているあいだ、女性に「家庭や子供を安心して任せたい」と考えているのです。

そのような男性の気持ちを満たすことができなければ、恋愛感情は持たれていても、「結婚する女性ではない」と思われてプロポーズされません。

そこで、「この女性と結婚したい！」と思われるように、これからご紹介する7つの結婚査定をクリアしていきましょう。そのすべてをクリアできれば、彼氏があなたにプロポーズしたくなります。

査定事項 1

いつも前向きか？

1つ目は、前向きな女性かどうかです。

何歳になっても野心や向上心を持っていて、「成長したい」「大きくなりたい」と思う男性は、いつもポジティブ思考で前向きな、チャレンジ精神あふれる女性を求めています。

何十年も人生をともにする女性が後ろ向きだと、「一緒にいても成長できなさそう」「小さな枠で人生が収まってしまいそうだ」と自分を押さえつけられるイメージを持つからです。

前向きな姿勢は、何気ない会話でも見せることができます。

たとえば、仕事などで落ち込んだことを、彼氏に相談するのは全く問題ありません。ただし、「愚痴の言い方」には要注意。

先述しましたが、「ちょっと聞いて！」と愚痴をいきなり話し出せば、彼氏は「この子は文句が多いな」と感じてしまいます。

改めて、愚痴る前には「前向きな一言」を意識しましょう。たとえば、「また明日から頑張りたいから、話を聞いてほしいんだよね」と言えば、彼氏はあなたに前向きな姿勢を感じます。

査定事項 2

信頼してくれるか？

2つ目は、信頼してくれる女性かどうかです。

男性は「どんな状況でも一緒に暮らしていける」と自分を信頼してくれる女性と結婚したいと考えます。

「家族を養えるようになったら結婚しよう」と考える男性は、仕事で評価されて稼げることが自信につながり、その自信があるからこそ、結婚を決意できるもの。

そのため、「養えるように稼がなくてはいけない」というプレッシャーをいつも感じています。

だからこそ、次のような褒め言葉をかけましょう。
「あなたはたくましいから、お金がなくても一緒に生きていけそうだね」
「あなたと一緒だったら、どんな状況でも生きていけそうだね」
「あなたならどんな仕事をしてもうまくいくよね」

こう言われた彼氏は「信頼してくれているんだ」「認めてくれているんだ」とうれしくなって、お金を稼ぐプレッシャーから解放され、結婚を決意できます。

また、お金以外のことでも「浮気はしない人だよね」と信頼されると男性はうれしくなるのです。だから、「浮気しているでしょ?」と疑う言葉は言わないようにしましょう。

彼氏が自信を持てるように「信頼している」ことを積極的に伝えてください。

査定事項 3

面倒な女じゃないか？

３つ目は、面倒な女性じゃないかどうかです。

次のような面倒な女性は、男性から「ずっと一緒にいたい」と思ってもらえないので注意しましょう！

- 「私のこと、好き？」と気持ちの確認をする
- 自分の意思がなく、質問されても「なんでもいい」と言う
- 自分で調べたらわかることを、わざわざ聞いてくる
- 「特別扱い」をしてくれないと怒る
- 「スケジュールを把握したがる」など束縛が激しい

● 男性が何気なく言った冗談を真に受けて、喧嘩モードのときに「あのとき、こう言ったじゃん！」と持ち出す
● 「いつも、私ばかり連絡しているよね」と平等な連絡頻度を要求する
● 仕事などで忙しいときに、「残業で遅くなるんだったら一言言ってよ！」と言う

面倒だと思われないように、先に「怒りポイント」を伝えるのも手です。

怒ったときに、その理由を言わない女性がいますが、男性は理由を察することができないので「面倒だな」と感じてしまうもの。

人間は理解できないときに腹が立ちますから、交際初期の雑談で「私は△△で怒るからね」と自分の取扱説明書を伝えておきましょう。

査定事項
4

整理整頓ができるか？

4つ目は、整理整頓できる女性かどうかです。

男性脳は1つのことしかできないので、仕事により集中するためにも「家を整理整頓できる女性」を求めています。

また、仕事から疲れて帰ってきたときに気が滅入らないように、家を散らかす女性と結婚したいとは思いません。

そのため、男性は一人暮らしの女性のリビングやお風呂場、姿見などの汚れ具合を意外と細かくチェックしています。

汚れている部分があって気が滅入っても、チェックしているとバレたくないので、「汚れているね」とわざわざ口に出したりすることはありません。

実家暮らしの女性であれば、カバンの中身を整理したり、彼の部屋を散らかしたりしないことです。

また、スマホの汚れや画面の割れだけではなく、アプリに表示される「メールの未読件数」などにも注意してください。それを見た男性に、「雑な性格なんだろうな」と思われてしまいます。

彼氏から何か言われなくても、整理整頓を心がけましょう。

査定事項 5

適正な金銭感覚があるか？

5つ目は、適正な金銭感覚を持っている女性かどうかです。

結婚すれば、夫婦で財産を共有することになります。だからこそ、男性は「常識の範囲内でお金を使える女性」と結婚したいと考えるのです。

あなたに「ストレス発散でたくさん買い物をしてしまう」などの浪費グセがあれば、それは隠したほうがいいでしょう。

また、誕生日プレゼントをおねだりするときにも注意が必要です。

「ブランド物がほしい」とストレートに要求すれば、彼氏に「お金のかかる女性だから結婚は考えられない」と思われる可能性があります。

そうではなく、彼氏が思わずプレゼントしたくなるように、「くすぐり上手な女性」になりましょう。

そのためには、相手の懐事情を考えた上で、謙虚にほしい物を伝えます。

たとえば、雑誌を見ながら「このネックレスがほしいんだけど高いと思わない？　私だと買えないよね」と自然に言えれば、彼氏は「この子の中では、これが高いんだ。じゃあ、これをプレゼントしたら喜ぶぞ」と考えて買ってあげたくなるんです。

結婚相手として見てもらえるように、「金遣いが荒い女性だ」と思われないようにしてください。

査定事項
6

家庭的な女性か？

６つ目は、家庭的な女性かどうかです。

男性は、自分が育ってきた環境に近い家庭を理想としがちです。そのため「家庭を安心して任せられる女性」と結婚したいと考えることが多いのです。

そのような女性だと思われるために、「料理がつくれる」ことや「簡単な裁縫ができる」ことなどをアピールしましょうね。

たとえば、彼のシャツのボタンがよれていたら「付けてあげようか？」と言ったり、彼の家でご飯をつくってあげたりできます。

さらに、尽くしすぎない程度に「いろいろな部分に気が利く」「面倒見がいい」と思われるようにすることです。

そのためにも、たとえばデート中には、ハンカチやティッシュを持ち歩きます。

彼氏から「結婚式に参加するんだよね」と言われたら、上から目線にならないように注意しながら、「ご祝儀はいくら包むのか知っている?」とさりげなく確認して、行動を促してもいいでしょう。

そうすれば、「この女性は結婚したら頼りになりそうだ」と思われます。

「家庭的な女性」をイメージしてみて、それをさりげなくアピールしてくださいね。

査定事項 7

親や友達と仲良くできるか？

7つ目は、親や友達と仲良くできる女性かどうかです。

結婚は「家同士の結びつき」という側面もあります。また、結婚後は友達にも妻を紹介する機会があるので、男性は「親や友達と仲良くできる女性」と結婚したいと考えているのです。

だから、彼氏の親や友達と会うことを嫌がったり、めんどくさがったりしないようにしましょう。あなたの「受け入れようとする姿勢」がチェックされています。

また、会っているときの態度にも要注意。「彼氏の悪口や愚痴を言う」「彼氏をいじる・

注意する」ことは絶対にしないでください。プライドの高い男性は、親や友達の前で「いい顔」をしたいからです。

彼氏が、あなたに対して偉そうな態度を取ったり、いじったりしてきても、それは「この子は僕のものだ」とアピールして、いい顔をしようとしている証拠なのです。

落ち込んだり怒ったりせずに、「この人、ひどいでしょ〜（笑）」と笑って流してあげるといいと思います。

会ったあとも、疲れた感じを出さないように注意しましょう。

ため息をついたりすれば、彼氏は「愛想よくしていたのは嘘だったのかな」とがっかりするからです。「気を遣って疲れた」と本音を言うのはNGなので、「緊張して疲れた」と言うに留めましょう。

また、「あなたのお父さんだけあって、しっかりされている方だね」と褒め言葉を贈ると効果的です。

このようなポイントを意識して、プロポーズされる女性を目指しましょう。

プロポーズは「勇気づけ」で引き出す

プロポーズは、長期戦で引き出す覚悟を持つことです。

「2人で一緒に生きていく」というイメージの強い結婚に、男性が踏み出せないのは主に2つの理由があります。

1つ目が「この子とは一緒に生きていけなさそう」と感じること。

2つ目が、養うことを考えたとき、「この子の人生を背負う自信がない」と感じること。

特に2つ目の「養うためのお金」の部分が大きいでしょう。

男性は「女性の人生に責任を持つ」ことで愛情を表現しますが、数字が好きなこともあり、責任を持てるかどうかを「これだけの年収が必要」と金額で考えます。

ただし、お金がなくても「この子とは一緒に生きていける」と感じれば、結婚に踏み出す勇気を持てるのです。

そこで、次のような「結婚に対する自信」を与える言葉をかけることが効果的です。

●「私はあなたと一緒だったら心強いから大丈夫」
●「あなたは今の仕事がうまくいかなくなっても、ほかの仕事でも食べていけるだろうし、将来も安心できそうな人だわ」
●「あなたとだったら、お金がなくても生きていけるわ」
●「あなたはたくましいから、どんな状況でもお金を稼いで生きていけそうよね」
●「無人島に2人で行っても大丈夫そうだね」

このような「勇気づけ」によって、男性は結婚に対する自信を持てるようになります。

また、「仕事に対する自信」を与える言葉もかけましょうね。

たとえば、「あなただったら大丈夫だよ」「今回はダメだったけど、次はうまくいくよ」などの気持ちが前向きになる言葉です。

男性にとって、仕事は生きていく上で切り離せません。それを前向きにさせてくれる女性を求めているのです。これらの言葉を交際中に言い続けることで、男性にとって重いイメージのある結婚をじわじわと決意させましょう。

ちなみに、彼氏からプロポーズしてほしいときには、「私が結婚してほしいって言ったら、どうする?」と、魔法の質問を使うのもやはり有効です。

それが最後のひと押しになって、彼氏からプロポーズされるでしょう!

男は、女で変わる

プロポーズに関連して、ひとつ覚えておきたいことがあります。
それは「男性は付き合う女性次第で変わる」ということです。

交際後、釣った魚に餌をやらず、女性を大事にできない男性がいます。
そういう男性でも、女性が気持ちをしっかりと惹きつけながら育てていけば、「女性を大事にできる男性」に変わるものです。

もっと言えば、「男性の人生」は結婚する女性で変わります。
たとえば、束縛が激しかったり構ってオーラをたくさん出したりする悪妻だと、それに振り回される男性の表情が曇っていきます。

そうなるのは、1つのことしか集中できない男性が、振り回してくる女性に意識が向いてしまい、人生において大事な「仕事」に集中できなくなるからです。

また、趣味を満喫しづらく、ストレスが溜まります。たとえば、趣味の釣りに行こうとしても「誰と行くの？」「女の子は来るの？」と聞かれると釣りを楽しめません。

そうなれば、うだつが上がらず、家にもなるべく帰らない夫になります。

一方、良妻のいる男性は仕事を頑張れます。

たとえば、「この子は浮気をしないだろう」「少しくらいのことでは自分を嫌いにはならないだろう」と安心感を与えてくれる女性と結婚すれば、一点集中型の男性は安心して仕事に集中できます。

また、同時にいろいろなことに気を回せる、きっちりとした女性と結婚すれば、雑でだらしない男性でも仕事に集中できるのです。

さらに、適度に甘え上手だったり、仕事の話などを聞いてくれたりする女性と結婚すれば、男性は家庭で仕事のストレスを発散できます。

その結果、お土産と一緒に家にきちんと帰ってくるような、家庭的な夫になるのです。

あなたが男性の立場であれば、悪妻よりも良妻と結婚したくなりますよね？

男性は「今の彼女」と「元カノ」を無意識で比べてしまうもの。だから、彼氏に「良妻になりそうだ」と感じさせて、「今までの中で、いちばんいい女性だから離したくない！」と思わせることができればプロポーズしてもらえますよ。

彼氏の中で「いちばんの女性」になることを目指していきましょう。

巻末特典

悩める乙女のためのＬＩＮＥ相談室

ちょっとしたことで劇的に変わる、LINEのコミュニケーション

ここまで、男女間での認識の違いや、男性に愛されるためのテクニックをご紹介してきました。

それを素直に実践しながら、「周りの人に喜ばれるコミュニケーション」を続けていけば結果は出てきます。それを自分の目でしっかりと確認して、自信をつけていくことが大切です。

また、恋愛するとき、「あなたは頑張っているよ」「女性だったら当然の態度だけど、男性にはわからないよね」と周りに理解してくれる人がいれば、頑張れるものですよね。

その理解者の一人になれるように、僕は女性の意図を理解した上で、男性に送るLIN

Eメッセージの相談に乗ることもしています。

ＬＩＮＥもちょっとした言葉遣いや気配りを変えるだけで、男性に与える印象が大きく変わります。

今回はその中から、読者のみなさんにも役立ちそうなＬＩＮＥメッセージのポイントをご紹介しましょう！

CASE 1

「アレもコレも話したい女」からは卒業しよう！

torisetsu 23:52 87%

< ▲▲▲くん

今日は色々連れて行ってくれてありがとう。

既読 23:46

途中なんか疲れた雰囲気だしてしまってごめんね。

既読 23:46

そういえば今まで趣味とかなかったんだよね、
私も何か見つけよー。何か一緒にできたらいいな。映画とか、料理がいいかな？

既読 23:48

アマゾンプライムって入ってる？
みたかった映画がいっぱいあってうれしい！！

23:51

いろいろと話したい気持ちはわかりますが、たくさんの用件を一気に送りすぎです！
こうすると男性から「返信するのがめんどくさいな」と思われてしまうので、用件は1つに絞りましょうね。

たとえば、まずは「今日は色々連れて行ってくれてありがとう」と1通だけ送ってみて、その返事に対して、話したい用件をどれか1つ入れること。

ラリーする中で用件を散りばめていくことがコツですよ。

文章量の調整がいつも難しいと感じている人は、「男性が目の前にいる」ことをイメージしながら、会話するように送ってみてください。

そうすれば、一度にたくさんの用件を送りすぎることがなくなり、会話のように短文でのラリーが自然とできるようになるでしょう。

CASE 2

「水を差す女」はウンザリされる！

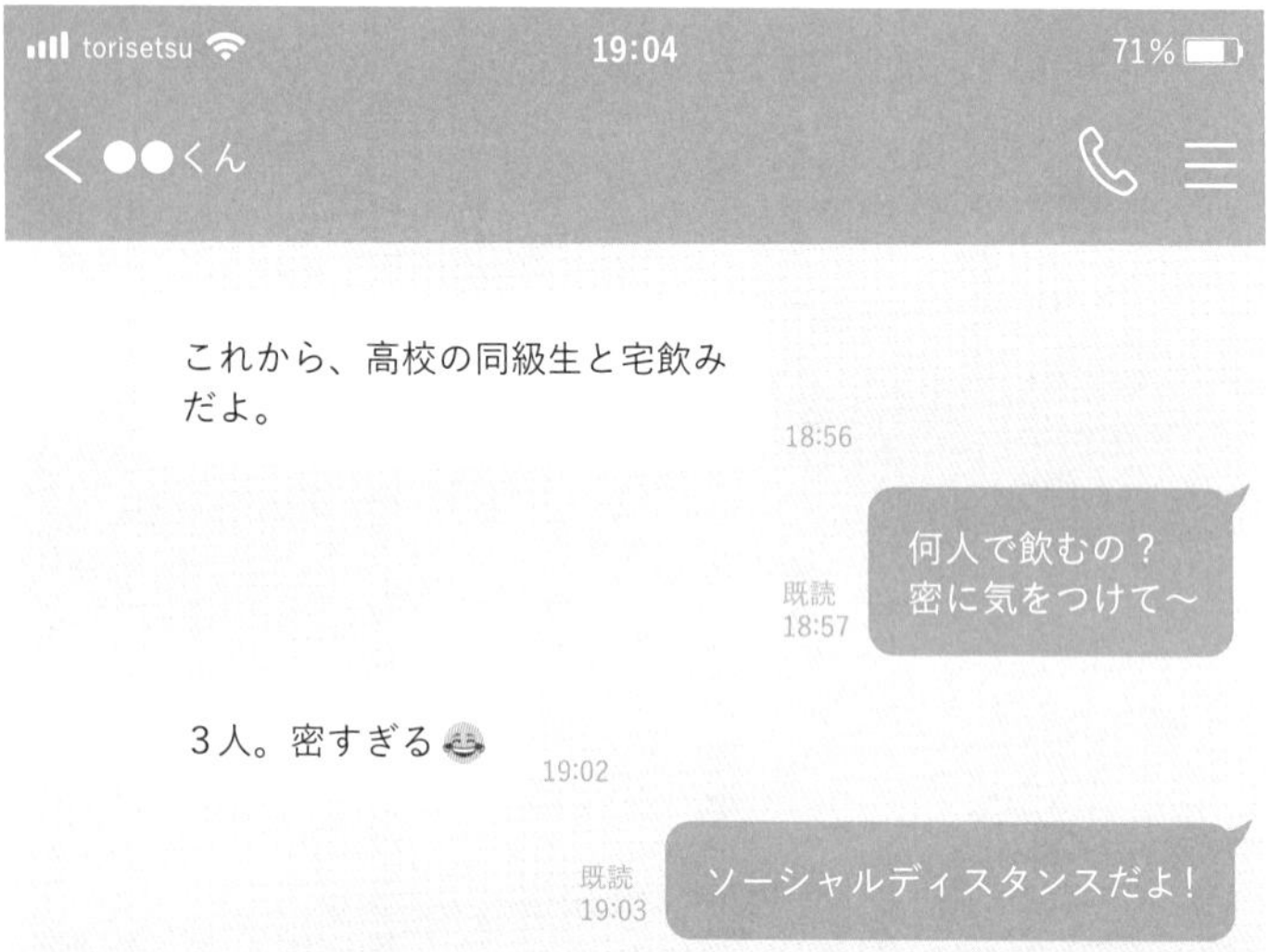
torisetsu
19:04
71%
●●くん
これから、高校の同級生と宅飲みだよ。
18:56
何人で飲むの？
密に気をつけて〜
既読
18:57
3人。密すぎる😂
19:02
ソーシャルディスタンスだよ！
既読
19:03

新型コロナウイルス騒動の中で、男性側が知り合いと宅飲みすることを話題にしているようですね。女性は「密に気をつけて～」などと気遣っています。

しかし、これは指示になっていて、しかも男性のすることに水を差しているのでNGなんです！

男性は信頼できる人たちと集まって宅飲みするはずなので、「感染に気をつけてね」というメッセージよりも、共感ワードを送ったほうがいいでしょう。

たとえば、「楽しそうだね！　コロナで外出もできないし、これくらいの楽しみがないとやっていけないよね(^^)」と送ることができます。

また、男性が「3人。密すぎる（＝三密）」とボケているので、こういうときはタイミングをみてツッコミを入れましょう。

「三密って、そういう意味じゃないから（笑）」と返してあげれば、男性は滑りません。

真面目すぎて男性からウンザリされないように、水を差さないＬＩＮＥを送りましょう！

CASE 3

「女の価値」を自分で下げるLINEは送らない！

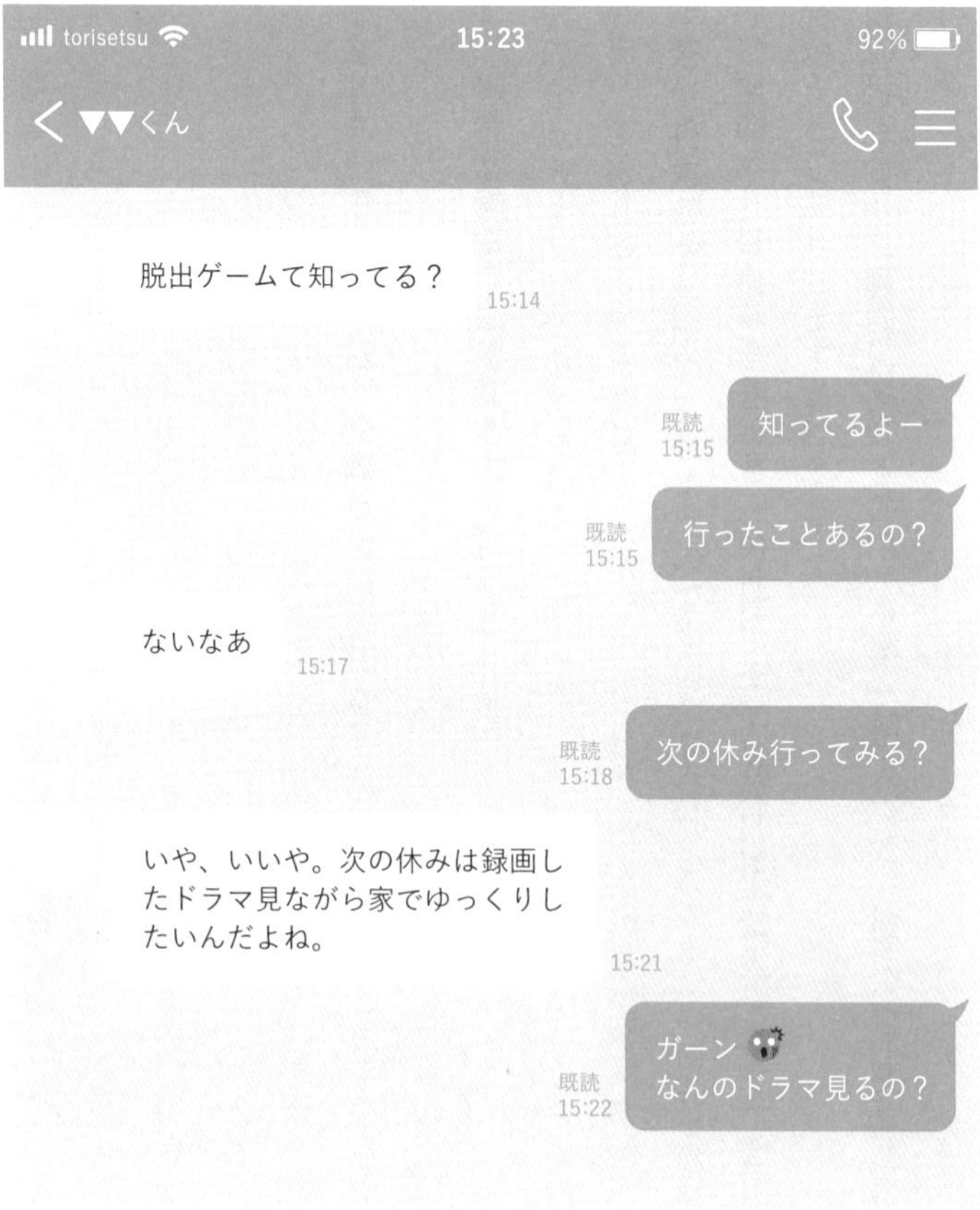
torisetsu
15:23
92%
▼▼くん
脱出ゲームて知ってる？
15:14
既読
15:15
知ってるよー
既読
15:15
行ったことあるの？
ないなあ
15:17
既読
15:18
次の休み行ってみる？
いや、いいや。次の休みは録画したドラマ見ながら家でゆっくりしたいんだよね。
15:21
既読
15:22
ガーン
なんのドラマ見るの？

このLINEでは、脱出ゲームについて話していますね。

女性が「次の休み行ってみる？」と誘いましたが、男性は「録画したドラマ見ながら家でゆっくりしたい」と断っています。

そのあと、女性はがっかりしたことを伝えるために「がーん」というスタンプを送ってから、「なんのドラマを見るの？」と話題を変えているんです。

こうするとおもしろいやり取りにはなりますが、男性が受け流したようになるので「女性の価値」が下がってしまいます。

そうならないように、「言うと思った（笑）。確かにそのほうが有意義かも（笑）。なんのドラマ見るの？」と男性の考えを承認しつつ、話題を切り替えましょう。

ちなみに、食事に誘った男性から「仕事だから」と断られたとき、「わかった、お疲れ様」と返すのはもったいないんです！

断られてショックかもしれませんが、「えらいね、頑張って」「会社行って仕事するの？」と相手に興味を示す一言が必要です。

また、男性から「最近、仕事が忙しいんだよね」とLINEがきたとき、「お疲れ様！無理しないでね」と表面上の会話だけで終わらせないこと。

吐き出したい気持ちがある男性からすれば、「この子は聞いてくれないんだな……」と思うからです。

そうではなく、「最近どんな仕事しているの？」「何時まで働いているの？」と深堀りしながら質問して、相手に興味があることを伝えましょう。

それに「無理はしないで」も禁句なので要注意！

向上心のある男性は「多少は無理してでも頑張る必要がある」と思っているので、あまりにそれを言われると「足を引っ張られている」と感じます。

そうではなく、「いつも頑張っていて偉いね」と言いましょう。

CASE 4

「映画の感想」は、よくある男女のすれ違い！

torisetsu　12:34　36%

＜ ■■■くん

教えてもらった映画、よかったです。とっても感動しました！
既読 12:28

あ、本当？ストーリーもちゃんとしていておもしろいよね。
12:30

ストーリーわかりやすかったです(^^) 主人公の女の子も可愛かった♪
既読 12:31

可愛かったよね (^^)
12:33

また見たいなあ。
既読 12:33

これは「男性からおすすめされた映画」を観た女性が、感想を伝えている場面です。「教えてもらった映画、おもしろかったです。とっても感動しました！」まではOKですが、NGなのはそのあとのやり取り。

男性からの「ストーリーもちゃんとしていておもしろいんだよ」のLINEに対して、「ストーリーわかりやすかったです(^^)　主人公の女の子も可愛かった♪」と返しています。

これのどこがNGなのかわかりますか？　正解は「映画を観るときの視点」です。

物事を見るとき、女性は「人間関係」を、男性は「仕組み」を見ていることをお伝えしました。それは映画を観るときも同じで、女性は「登場人物」を、男性は「ストーリー」に注目しながら観ているのです。だから、このように映画の感想を伝え合おうとすると、男女で話題が噛み合わなくなります。

今回はそのあとの会話で、男性が「可愛かったよね(^^)」と話を合わせてくれていますが、本当はストーリーの話をしたいので、この会話には興味がなくなっています。

そうならないように、「ストーリーの特にどこがおもしろかった？」「おもしろい展開が多かったよね！」と男性が話したいことを聞く側に回りましょう。

このように映画を観るときの視点は違うので、映画デートでは「ストーリー」をなるべく意識しながら観ることがおすすめです。

ストーリー展開をうまく追えなかったとしても、次のように男性を優位に立たせながら「うんちく」を語らせるチャンスですよ！

あなた「どのシーンが、いちばんおもしろかった？」
男性　「伏線を回収しながら、主人公が犯人を見つけた場面だね」
あなた「どこかに伏線あった？　私は気付かなかったな」
男性　「△△のシーンが最後につながってさ、（うんちくを語りはじめる）」
あなた「え～、全然わからなかった！　すごい。どうしてわかったの？」

このように「男性の話したい」ことを語れる流れをつくれば、男性は気持ちよく話せるので、楽しい会話につながっていくのです。

CASE 5

男女では「遊びに行く目的」が違って当たり前！

torisetsu 21:14 19%

田中くん

既読 21:10 遊園地、いいね♬

行きたいけど、天気予報大雨みたいだし行けるか微妙だなぁ 21:12

最悪無理なら今回は諦めるかぁ。 21:12

既読 21:13 遊園地はどっちでもいいよ。
私は田中くんに会いたい♡

これは、デートで遊園地に遊びに行く予定を決めているLINEですね。

男性は遊園地に行きたがっていますが、天候的に行けるかどうかわからないので「最悪無理なら今回は諦める」と送っています。

それに対して、女性は「遊園地はどっちでもいいよ。私は田中くんに会いたい♡」と送りました。

「目的地に行けなくても、あなたに会えるだけでうれしいよ」と伝えることで、この女性なりにフォローしたかったのでしょう。女性であれば、こう言われるのがうれしいからです。

しかし、男性からすれば、そのフォローは必要ありません！

そもそも、男女では「遊びに行く目的」が違います。遊びに行くとき、女性は「一緒にいたい」という目的がある一方、男性は「一緒に何かをして楽しみたい」という目的があります。

男性は、相手と一緒にいるだけでは盛り上がれず、一緒に何かをすることで盛り上がれるんです。だから、この男性が求めているのは、フォローの言葉ではなく、「一緒に遊園地に行って楽しみたい」ことが伝わる言葉です。

それなのに、「遊園地じゃなくてもいいけど」と送れば、「男性の遊びに行く目的には興味がない」ことがバレてしまいます。

男性は「遊園地を楽しみにしていた気持ちは嘘だったんだ」「会うための口実を、こんな楽しみにしていたんだ」と女性の気持ちを重たく感じてしまい、気持ちが一気に冷めてしまいます。

そうならないように、「田中くんも私も、こんなに楽しみにしていたから、可能な限り行けたらいいね♪」と男性の興味あることを一緒に楽しみたい気持ちが伝わる返信をしてくださいね。

LINEでデートの内容を決めるときには、男女で違う「遊びに行く目的」を思い出すことです。

CASE 6

「必要のない文字」で メッセージを飾りすぎない！

torisetsu 9:48 45%

★★くん

昨日は、車運転してくれてありがとう。
バーベキューでは、色々と準備したり焼いたりしてくれてありがとう。手際よすぎて、びっくりしたよ
お肉と野菜も美味しかった〜。

また、この夏行けるといいなあ。

借りた本、今読んでるけどとってもおもしろいよ
返すときは持っていけばいいかな？

既読 9:46

今度会う時でいいよ〜

9:47

昨日は何もできなくてごめんね。
○○ちゃんは色々と気遣ってて偉いなあって思った

既読 9:47

これは、バーベキューに連れて行ってもらったことのお礼を伝えるLINEです。頑張って考えたことは伝わるのですが、残念ながらNGポイントが多いので、順を追って添削していきましょう。

まず、文章量が多すぎるんです。男性に好印象を持ってもらいたくても、1通のLINEでお礼を細かくして送る必要はありません。「車を出してくれてありがとう」「バーベキューでは、色々と準備したり焼いてくれてありがとう」「手際いいよね」「お肉と野菜も美味しかった」と話題を4つ出していますが、男性はその返信がめんどくさくなるからです。

そうではなく、4つの話題をまとめて「楽しい1日だった」にすれば、「昨日は連れて行ってくれてありがとう。楽しい1日だった」と送れます。

また、「本を持っていく」と借りた物を返そうとしていますが、これも女性によくありがちな台詞です。

男性からすれば「会うための口実なんだな」と女性の気持ちが透けて見えるので、追われているように感じます。

わざわざ会うことは相手の手間にもなりますから、「そういえば、借りたままの本は送ったほうがいい？」くらいの温度感にしましょう。


さらに、絵文字や顔文字の使い方も見直したいポイントです。

そもそも、男性にとってLINEは連絡用ツール。テキストを装飾するだけの絵文字は無意味に感じるので、ここまで使う必要はありません。顔文字も1通につき、1つくらいでOKですよ。ただし、お礼のメッセージには「ありがとう♡」とハートの文字は必ず入れましょうね。そうすれば、男性に喜んでもらえるからです。


ちなみに、笑いを表現する「(笑)」は入れたほうがいいと思います。

爆笑できない内容でも、「確かに(笑)」「なに、それ(笑)」のように自虐したり、ツッコんだりするときに付ければ、堅苦しくない雰囲気が生まれます。

ただし、笑いを意味するネット用語の「w」は、人によって「見下されている」と感じるので、相手が使っていたら使うこと。基本的には「(笑)」を使いましょう。

おわりに

恋愛・婚活が教えてくれること

ここまで、「失敗する前に知っておきたい婚活のノウハウ」をご紹介してきました。

これまで間違えて理解していた「男性とは、こういうものだ」という思い込みがいくつも外れて、本当の男ゴコロがわかる女性になった実感が湧いてきたのではないでしょうか？　この「婚活1年目の教科書」により、今まで恋愛に自信がなかった女性たちも婚活に一歩踏み出してみようと思えたなら、これ以上うれしいことはありません。

僕は、今まで恋愛コンシェルジュとして多くの女性の気持ちを応援してきました。

この本を書きながら、これまで僕に相談してくれた女性のみなさんの顔が何度も浮かんできました。

最後に、その相談者の一人・ユキコさん（仮名）のエピソードをご紹介して、本書を締めくくりたいと思います。

長年、片思いしている男性のいるユキコさんは、優しくて思いやりもあり、謙虚で美しい女性です。

しかし、気遣いできるあまりにアプローチしすぎてしまい、恋愛がなかなかうまくいきませんでした。

たとえば、毎回のように差し入れをして、男性に尽くしすぎてしまいます。

また、好きな人へのＬＩＮＥの文章量が多く、「今日も好きだよ」と明らかな好意が伝わるメッセージを何度も送っていました。それに対して返信がないと、「◎◎くんは私のことがどうでもいいのかな？」と不安になって感情的に動いてしまいます。

本書を最後までお読みいただいたみなさんはわかると思いますが、これらはどれも愛される女性が取る行動とは真逆ですよね？

しかし、「それはやめたほうがいいですよ」と何度アドバイスしても、「相手軸」で生きているユキコさんには調整が難しいようでした。

そこで、「根本的な意識を変えてもらうしかない！」と思った僕は、ユキコさんに「相手軸」ではなく「自分軸」で生きることの大切さを、次のようにお伝えしたのです。

「こちらから勝手にアプローチをかけたのに、好きな人から反応がなくて感情的な行動を取るのは自己中心的ですよ」

「好きな人はユキコさんに軸を置いて生きているわけじゃなく、自分自身に軸を置いて生きているんです」

「ユキコさんが好きな人に軸を置いて生きているからといって、相手に対しても同じことを求めるのは、自立している人に対して失礼なことですよ」

このような人付き合いで大事なことを粘り強くお伝えしたところ、ユキコさんは理解してくださり、自分軸で生きるように生活を見直しはじめました。

その上で、本書でお伝えしてきた「一生愛されるためのルール」を守り、アドバイスどおりに実行し、男性心理に合わせた行動を心がけたのです。

その結果、はじめは逃げられていた好きな人とも、やり取りがきちんとできるようになり、お付き合いがはじまりました。今では結婚に向けて話をしているそうです。

恋愛に不器用だったユキコさんのように、「自分軸で生きる」ことや「男性心理を理解した行動」を意識すれば、これまで振り向いてくれなかった男性とお付き合いすることも夢ではありません。

ただし、これまでにお伝えしたことを実践しても、パートナーとの倦怠期やうまくいかない時期は必ず訪れると思います。

そもそも、違う価値観を持った2人が急激に距離を縮めすぎれば、「価値観の違い」が浮き彫りになりやすく、「自分とは合わない」と感じる機会が多くなるのです。

また、違う人間同士ですから、パートナーが仕事でうまくいっていなかったり、メンタルが不調になったりしたときなど、こちらがどれだけしっかりしていても、2人の関係性がうまくいかなくなるときがあります。

しかし、「人生にはうまくいかないときがあるものだ」と思って、つらい思いの中にいるパートナーを見守ってあげましょう。

あなたもつらくなる時期がくるかもしれませんが、そのときも無理には焦らず、「今はそういう時期なんだ」と理解して、どうしようもない状況を受け入れるようにしてください。本当につらいときがきたら、男性は必ずあなたの味方をしてくれるはずです。

これから幸せな結婚がしたいという方には、本書でお伝えしたことをひとつでもチャレンジしてもらえたらうれしいです。そしてチャレンジしたときは、一歩踏み出した自分自身をどうか褒めてあげてください。その一歩から恋愛がうまくいって自信がつき、人生が変わった女性を僕は何人も見てきました。そんな人がこれからも増えることを願っています。もし、頑張ってもうまくいかないときは、僕に相談してみてください。

この本を手に取ってくださったあなたが、幸せな結婚を一生成就させることができますように。

二〇二〇年九月

瀬川隆徳

本書をもっと知りたい方へ……

【読者特典①】

スペシャルコンテンツ

死ぬまで夫に愛される妻になろう

（PDF版・ダウンロード）

をプレゼント！

・結婚後も夫から愛されるには……？

・お金の使い方は……？　などなど

幸せな結婚は、これからスタート！

一生愛される妻を目指しましょう。

【読者特典②】

登録していただくと、

著者の**瀬川氏にLINE相談**ができます！

瀬川隆徳氏オフィシャルLINE@

@rh.segawa

※読者特典は予告なく終了することがございます。

【著者略歴】
瀬川隆徳（せがわ・たかのり）
恋愛コンシェルジュ。日本婚活協会理事長。恋愛·結婚アカデミー協会所属S級特別講師。20歳から始めたホストの世界で、女性客の恋愛相談に乗り、的確なアドバイスを送る独自の営業スタイルで指名本数日本一の記録を樹立。現在は、関西NO.1ホストクラブ大阪男塾のオーナーを経て、年間300人以上の恋愛相談を受けてきた経験と知識をもとに、2016年から始めた恋愛に特化した講演会やセミナー、「恋愛力アカデミー」を開催。恋愛相談サイト「恋愛ホスピタル」にて恋愛カウンセラーを務めながら、自らも結婚相談所「ハピマリ」を運営し、恋愛や婚活に悩む多くの人から支持と信頼を得ている。

失敗《しっぱい》する前《まえ》に知《し》りたい、婚活《こんかつ》1年《いちねん》目《め》の教科書《きょうかしょ》

2020年10月11日　初版発行

発行　**株式会社クロスメディア・パブリッシング**
発行者　小早川幸一郎
〒151-0051　東京都渋谷区千駄ヶ谷4-20-3 東栄神宮外苑ビル
http://www.cm-publishing.co.jp
■本の内容に関するお問い合わせ先 …………………… TEL (03)5413-3140／FAX (03)5413-3141

発売　**株式会社インプレス**
〒101-0051　東京都千代田区神田神保町一丁目105番地
■乱丁本·落丁本などのお問い合わせ先 ……………… TEL (03)6837-5016／FAX (03)6837-5023
service@impress.co.jp
（受付時間　10:00～12:00、13:00～17:00　土日·祝日を除く）
※古書店で購入されたものについてはお取り替えできません
■書店／販売店のご注文窓口
株式会社インプレス　受注センター ………………… TEL (048)449-8040／FAX (048)449-8041
株式会社インプレス　出版営業部 ………………………………………………… TEL (03)6837-4635

カバーデザイン　城匡史（cmD）
校正 konoha
印刷·製本　株式会社シナノ
図版作成　長田周平
本文デザイン　安井智弘
ISBN 978-4-295-40458-3 C0030